DVDではじめる

1日10分セルフ整体で
キレイ&元気になる！

ゆがみを直す
ピラティスレッスン

インナーワーク
ピラティススタジオ オーナー　石川英明　監修

ナツメ社

動きや呼吸のコツを徹底解説！
DVDを見ながら、楽しくレッスン！

はじめての人にも無理なくできるエクササイズばかりを集めたDVDレッスン
誰でも簡単に正しいポーズのコツがつかめるよう、さまざまな工夫がいっぱい！

初心者にもわかりやすい、このDVDの4つの特徴

1 プロのインストラクターが実演 ポーズの流れがわかりやすい

呼吸のタイミングも一目瞭然！

すべてのポーズをプロのインストラクターが実演。さらに、監修の石川英明氏が、正しい体の動かし方やポーズの効果を、詳しく解説しています。呼吸のタイミングも、流れるような動きとナレーションに合わせて自然にできるようになっています。

2 姿勢や体の動かし方のポイントをテロップでまとめて解説

テロップで、それぞれのエクササイズのポイントをまとめて解説しているので、コツがつかみやすい。ひと通りエクササイズを行った後、テロップで再確認しながら、正しいポーズを身につけましょう。

エクササイズのポイントを確認しやすい！

Let's Pilates

これを見れば
マスターできる！
エクササイズ in DVD 55分

3 間違いやすい姿勢などさまざまな角度でクローズアップ！

ありがちな悪い姿勢、体の動かし方を、「NGポーズ」でクローズアップ。正しいポーズができているか確認しやすいのが特徴です。また、力が入りすぎたり、体勢を崩しやすいポーズなどは、集中的にさまざまな角度から撮影した映像とともに解説。骨盤や背骨の細かな動きも具体的なイメージがつかめます。

NGポーズをチェック！

4 難しいポーズはEASY STYLEでチャレンジ！

初心者や、体の硬い人に難しいポーズは、「EASY STYLE」でフォロー。タオルやクッションを使ったり、無理なくできる、より簡単なポーズに変えるなどして紹介しています。

EASY STYLEなら初心者でも簡単！

DVDの使い方は次のページをチェック！

DVDの使い方

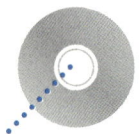

DVDをプレーヤーにセットします。
再生すると、オープニング画面の後、メニュー画面が表示されます。

メインメニュー画面

レッスンを選択しましょう

Lesson1～3のメニューが表示されます。Lessonを選択してそれぞれのサブメニューを表示させます。「全てを通して見る」を選択すると、このDVDに収録されているすべてのポーズを見ることができます。

1日10分セルフ整体でキレイ＆元気になる！
DVDではじめる
ゆがみを直すピラティスレッスン

全てを通して見る
Lesson1へ
Lesson2へ
Lesson3へ

サブメニュー

Lesson1　プレ・エクササイズ
- メインメニューへ
- Lesson1を通して見る
- Lesson2へ
- Lesson3へ

基本姿勢
ブリージング
インプリンティング
ペルビック・ボール
エンジェル・アームス
キャット

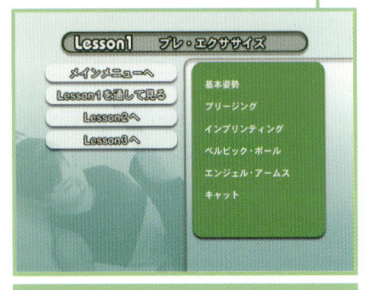

Lesson1サブメニュー画面

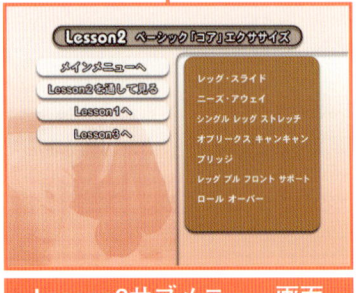

Lesson2　ベーシック「コア」エクササイズ
- メインメニューへ
- Lesson2を通して見る
- Lesson1へ
- Lesson3へ

レッグ・スライド
ニーズ・アウェイ
シングル レッグ ストレッチ
オブリーク キャンキャン
ブリッジ
レッグ プル フロント サポート
ロール オーバー

Lesson2サブメニュー画面

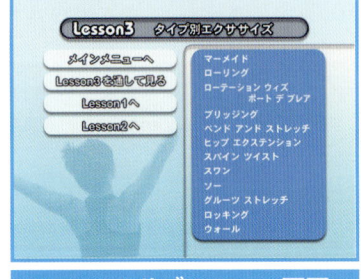

Lesson3　タイプ別エクササイズ
- メインメニューへ
- Lesson3を通して見る
- Lesson1へ
- Lesson2へ

マーメイド
ローリング
ローテーション ウィズ
　　　　　ポート デ ブレア
ブリッジング
ベンド アンド ストレッチ
ヒップ エクステンション
スパイン ツイスト
スワン
ソー
グルーツ ストレッチ
ロッキング
ウォール

Lesson3サブメニュー画面

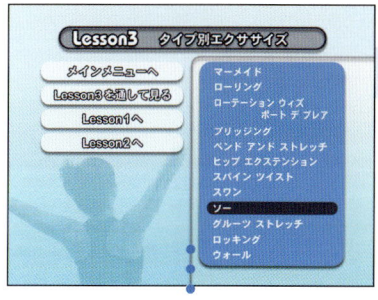

サブメニュー画面

エクササイズを選択しましょう

それぞれのLesson内に収録されている各ポーズ名が表示されます。ポーズ名を選択すると、エクササイズ画面が表示され、エクササイズがスタートします。ひとつのポーズの再生が終わると、このサブメニューに戻ります。「Lessonを通して見る」を選択すると、それぞれのLessonに収録されたポーズを通して見ることができます。

エクササイズ画面

エクササイズがスタートします

エクササイズがスタート。それぞれのポーズの再生が終了するとサブメニューに戻ります。

エクササイズは本書と完全連動！

本書を使ってピラティスの基本を詳しくチェック！

❶ エクササイズの効果、効用が具体的にわかる
❷ 体のタイプに合ったエクササイズが選べる
❸ 呼吸のタイミングや動きのコツもわかりやすい
❹ エクササイズのPointやNGポーズも詳しく解説

本書付録DVDをご利用になる前に

【再生時のご注意】
■本DVDは、DVD再生プレーヤーもしくはDVDが再生できるパソコンでご覧になれます。
■パソコンでDVD-VIDEOを再生するには、少なくとも下記の条件を満たしたパソコンとDVD-VIDEO再生用ソフトウェアが必要です。
※最低必要動作条件（パソコン）
・DVD-VIDEOが再生できるDVD-ROMドライブ搭載パソコン
・Pentium II 400MHz以上（Windows）、PowerPC G3以上（Mac OS）のCPU
※OSに加えて、別途DVD-VIDEO再生ソフトウェアが必要です。
■一般のDVD-VIDEO再生プレーヤーでは、そのままご覧になれます。詳しい操作方法については、ご利用のプレーヤーの取扱説明書をご確認ください。
■このディスクはコピーガード処理をしてあります。

【健康上のご注意】
■本DVDをご覧いただく際には、部屋を明るくし、テレビ画面に近づき過ぎないようにしてください。
■長時間続けてのご鑑賞は避け、適度に休憩をとってください。

【取り扱い上のご注意】
■ディスクには両面とも、指紋や汚れ、キズなどをつけないようにしてください。
■ディスクには両面とも、鉛筆やボールペン、油性ペンなどで文字や絵を書いたり、シールなどを貼らないでください。
■ディスクが汚れたときは、メガネ拭きのような柔らかい布で内周から外周に向けて放射線状に軽く拭き取ってください。
■ひび割れや変形、または接着剤などで補修したディスクは、危険なので絶対に使用しないでください。

【保管上のご注意】
■直射日光の当たる場所や高温・多湿の場所には保管しないでください。
■ご使用後、ディスクは必ずケースの中に入れて保管してください。
■本DVD及び本書は著作権上の保護を受けております。DVDあるいは本書の一部、または全部について、権利者に無断で複写、複製、放送、インターネットによる配信、公の上映、レンタル（有償、無償問わず）することは法律により禁じられております。

片面一層

DVDではじめる

1日10分セルフ整体でキレイ＆元気になる！
ゆがみを直す ピラティスレッスン

CONTENTS

巻頭スペシャル対談 …………………… 10

美容ジャーナリスト・club C.主宰　　　　インナーワークピラティススタジオ オーナー
永富千晴さん　×　**石川英明**さん

ピラティスで体、心、肌のキレイを磨く！

❀ **DVDで動きや呼吸のコツを徹底解説** ❀

初心者にもわかりやすい、このDVDの4つの特徴 ……… 2
DVDの使い方 …………………………………………… 4

Introduction

ピラティスの基本原理を覚え、体のゆがみをチェックしましょう！

About pilates

❀ ピラティスってどんなもの？ ………………………… 14
❀ いま、なぜピラティスが注目されているの？ ……… 16
❀ コアって何？ …………………………………………… 18

Body reform

❀ 骨盤や背骨まわりがゆがむと
　心と体にどんな影響があるの？ ……………………… 20

CONTENTS

- 【診断】あなたの体のタイプをチェック! …………… *22*
- 体のタイプに合わせて
  効果的なエクササイズをしよう …………………… *24*

Q&A
- ピラティスQ&A ………………………………………… *26*

Lesson 1　Pre-exercise
基本の姿勢、呼吸法をマスターしましょう

- 基本姿勢 ………………………………………………… *30*
- ブリージング …………………………………………… *32*
- インプリンティング …………………………………… *34*
- ペルビック・ボール …………………………………… *36*
- エンジェル・アームス ………………………………… *38*
- キャット ………………………………………………… *40*

Lesson 2　Core of body
骨盤、背骨まわりの筋肉を鍛え、ゆがみを改善するエクササイズ

- レッグ・スライド ……………………………………… *44*
- ニーズ・アウェイ ……………………………………… *46*
- シングル　レッグ　ストレッチ ……………………… *48*

DVDではじめる　1日10分 セルフ整体でキレイ&元気になる！　**ゆがみを直すピラティスレッスン**

❀ オブリークス　キャンキャン……………………… 50
❀ ブリッジ ……………………………………………… 52
❀ レッグ　プル　フロント　サポート……………… 54
❀ ロール　オーバー…………………………………… 56

Lesson3　Each type of body
あなたのゆがみのタイプに合わせてエクササイズをチョイス！

❀ マーメイド …………………………………………… 60
❀ ローリング …………………………………………… 62
❀ ローテーション　ウィズ　ポート　デ　ブレア……… 64
❀ ブリッジング ………………………………………… 66
❀ ベンド　アンド　ストレッチ……………………… 68
❀ ヒップ　エクステンション………………………… 70
❀ スパイン　ツイスト ………………………………… 72
❀ スワン ………………………………………………… 74
❀ ソー …………………………………………………… 76
❀ グルーツ　ストレッチ……………………………… 78
❀ ロッキング …………………………………………… 80
❀ ウォール ……………………………………………… 82

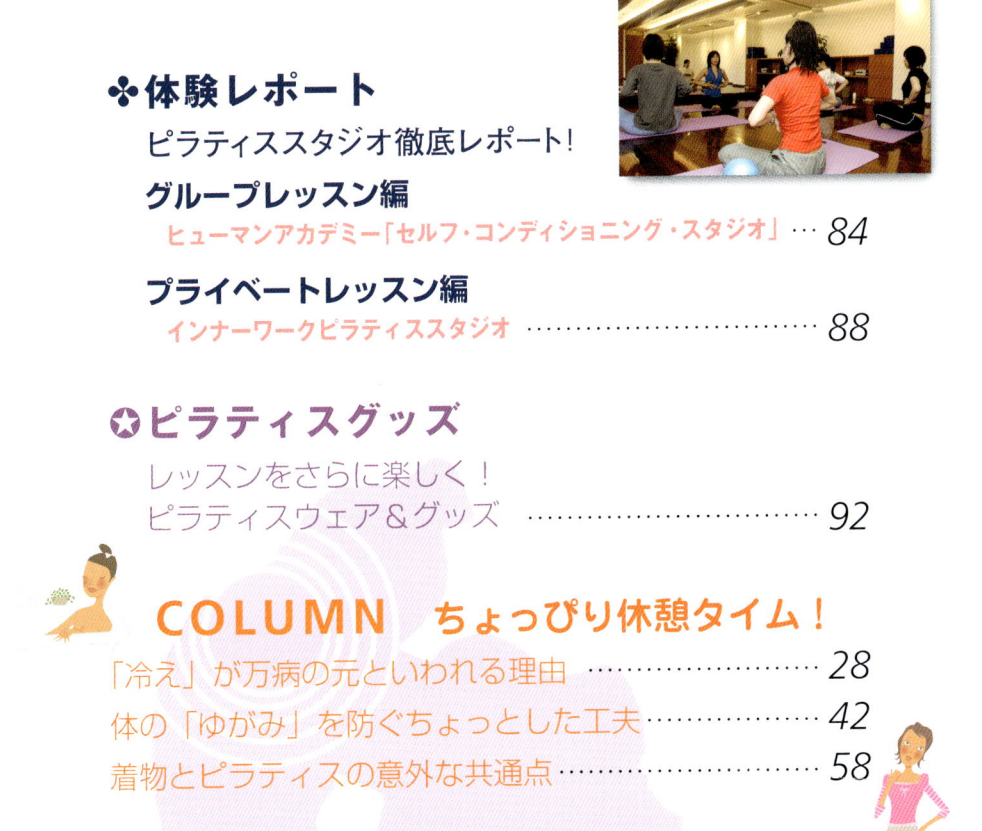

CONTENTS

♣ 体験レポート
ピラティススタジオ徹底レポート！

グループレッスン編
ヒューマンアカデミー「セルフ・コンディショニング・スタジオ」 … *84*

プライベートレッスン編
インナーワークピラティススタジオ …………………………… *88*

✪ ピラティスグッズ
レッスンをさらに楽しく！
ピラティスウェア＆グッズ ……………………………………… *92*

COLUMN　ちょっぴり休憩タイム！

「冷え」が万病の元といわれる理由 …………………… *28*
体の「ゆがみ」を防ぐちょっとした工夫 ……………… *42*
着物とピラティスの意外な共通点 ……………………… *58*

本誌に登場するインストラクター

インナーワーク
ピラティススタジオ
ピラティストレーナー

成瀬冴子 　　福田美由紀

Health & Beauty Talk

巻頭スペシャル対談

美容ジャーナリスト・club C. 主宰　**永富千晴**さん
×
インナーワークピラティススタジオ オーナー　**石川英明**さん

ピラティスで
体・心・肌のキレイを磨く！

美容ジャーナリストとして数々の連載をもち、
多忙をきわめる永富千晴さんの健康法のひとつはピラティス。
永富さんは石川英明先生のレッスン生でもあります。
おふたりにピラティスの魅力を語り合っていただきました。

永富 千晴さん
Chiharu Nagatomi

出版社勤務後、美容専門の編集プロダクション「J・ビューロー」を設立し、多数の女性誌やウェブサイトで執筆活動を幅広く展開。最近は各種のイベントなどでコメンテーターとしても活躍中。2003年には業界初の化粧品お試しサロン「club C.」（http://www.club-c.net/）を設立。

「ピラティスはトレーニングというよりボディケア」

石川さん

ピラティスは本来の自分を取り戻すもの

永富 ピラティスを知ったのは5、6年ぐらい前のことかな。日本ではまだあまり知られていなかったけど、海外ではDVDなんかがもうたくさん出ていました。それで、ピラティスのことを記事に書いて。石川先生のことも耳に入ってきていたので、「いつか取材してみたい人のリスト」にお名前をずっと入れていたんです。それで1年前にようやくお会いできたら、私の体型のゆがみというか、体についてしまっているクセを即座に指摘されて、「すごい！」と思ったんですよ。

石川 仕事をもつ女性には結構多いんですけど、かなり猫背になってましたよね。永富さんのように長時間机に向かって前屈みになるデスクワークは、偏った姿勢になりがちです。胸を開いていないと呼吸が浅くなってしまうから、自律神経にも影響が出てしまう。

永富 そう。がんばらなきゃいけないときに頭がすっきりしなくていいアイデアが浮かばなかったり、寝つきが悪くなる。エクササイズを通して「胸を大きく開く」ということを体で実感できるようになると、肌にハリを感じたり、スタイルも良くなったような気がしました。

石川 永富さんが感じた体の快適な状態は、もともと自分の中にあったものなんです。ピラティスのエクササイズは、その本来の自分を取り戻すことに役立ちます。海外ではリハビリの施設でも積極的に取り入れられていますから。

ゆったりした動きで自分の状態を理解する

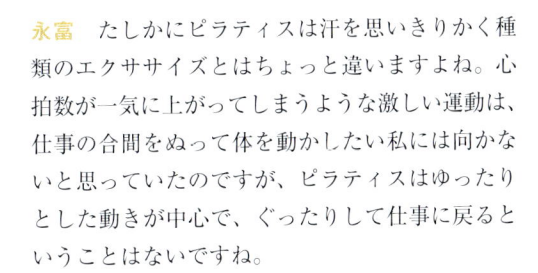

永富 たしかにピラティスは汗を思いきりかく種類のエクササイズとはちょっと違いますよね。心拍数が一気に上がってしまうような激しい運動は、仕事の合間をぬって体を動かしたい私には向かないと思っていたのですが、ピラティスはゆったりとした動きが中心で、ぐったりして仕事に戻るということはないですね。

石川 それは、ピラティスが「トレーニング」というより「ケア」に近いものだからなんですよ。私たちは毎日の生活の中で、いかに自分の体を理解して自己メンテナンスをするかが大事なのです。

永富 ピラティスのことを最初に知ったとき、女性の産後の体型回復などに役立っているという話を聞いたんです。私自身、腰痛を抱えていて、先生に骨盤の位置が少しずれていることを教えていただきましたよね。自分の体の状態を理解してエクササイズを行ったことで、その後腰痛が軽くなったのはうれしかったです。

石川 ピラティスを「コントロール・メソッド」という言葉で伝えることもありますが、体には本来、効果的な動きのパターンがあって、それを理解して取り戻すことが結果的によい姿勢や健康維持につながるんです。

30代からは意識的な自己メンテナンスが大事

永富さん

心と体は切り離して考えられない

永富 ピラティスの根本的な考え方は、美容の世界にも通じると思います。10代や20代のうちは、自分の肌の状態に関心がなくても美しくいられます。でも、そこから先は、意識的に自分のことをメンテナンスしていくことがとても大切になってくるんです。毎日の積み重ねが必要なことですから、高い意識をもっている人は生活にメリハリが自然とついていてエネルギーを感じます。歩き方なんかも変わってきますし。

石川 体の動きは脳からの指令によって生じるものですよね。つまり、心が体を操っている。反対に、肉体的なストレスで心を病む場合もある。心と体は密接につながっているわけです。ピラティスのエクササイズを続ければ続けるほど、心のあり方と体は切り離せない関係にあることを実感できると思いますよ。

永富 そうですね。仕事柄、美容面での悩みをもつ女性に接する機会があるんですが、他人は気付かないほどの小さなシミを必要以上に気にしている人がいるんですね。気持ちはわからなくはないんですけど、部分的なことにばかり気をとられていたのでは本当の美しさは手に入らないような気がします。そういうときには考え方を切り替えて、心の視野を広くした状態で自分に向き合うことってとても大切ですよね。

石川 ええ。私もレッスンでは、点でとらえずに全体のバランスを意識すること、自分の体をいろいろな機能の集合体であるユニットとして考えることを教えています。体のバランスが整ったときの、今までとは違う心地良さ、心の充足感をひとりでも多くの人に味わってもらいたいですね。

石川さんからのアドバイス
エクササイズの**効果を高める** 3つのポイント

1. まず自分の体の状態を知ろう
自分の体をケアしているという意識で、自分の体をすみずみまで感じ取ろう。

2. ありのままの自分を受け入れよう
体のバランスが崩れているのは誰にでもあることなので、劣等感やストレスを感じる必要はない。

3. エクササイズを行うときは集中しよう
忙しく過ごす日々のなかで、自分に意識を向けられる絶好の機会なのだから、この時間だけは集中してみよう。

永富さんからのアドバイス
美肌を保つための 3つのポイント

1. 前向きに自分を磨く努力が大切
エステに通って横になっているだけでは受け身過ぎる。積極的に自分を磨くための知識を身につけよう。

2. なるべく肩の力を抜いて生活する
余計な力みが体をコントロールする力を奪ってしまう。リラックスして生活することを心がけることも大切。

3. 化粧品に頼るだけではダメ
美しい肌は化粧品だけでは作れません。体と心の栄養に気を配って、体の内側からのケアを心がけて。

Introduction

ピラティスは自分自身の心と体に向き合い、
自分で体の内側から、バランスを
コントロールする「考える」エクササイズ。
レッスンを始める前に、
ピラティスの基本や考え方を学び、
さらに、あなた自身の体のタイプと
弱点を知ることで
効果的なエクササイズを目指しましょう。

About pilates

❀ピラティスってどんなもの？ ··· p 14
❀いま、なぜピラティスが注目されているの？ ········· p 16
❀コアって何？ ··· p 18

Body reform

❀骨盤や背骨まわりがゆがむと
　心と体にどんな影響があるの？ ································· p 20
❀【診断】あなたの体のタイプをチェック！ ············· p 22
❀体のタイプに合わせて
　効果的なエクササイズをしよう ································· p 24

Q & A

❀ピラティスQ&A ·· p 26

ピラティスってどんなもの？

ハリウッドのセレブたちを中心に、一躍注目を集めたピラティス。
日本でもこの数年、性別・年齢を問わず支持され、「次世代フィットネスの理想形」
とまで言われるようになったピラティスとは、どんなエクササイズなのでしょうか。

ピラティスは、自分の体に気付き、自分で考えながら、整えるエクササイズ

もともとはリハビリ用に開発されたエクササイズ

ピラティスは、約90年ほど前、ドイツ人のジョセフ・ピラティスによって開発されました。彼は、幼少のころからぜんそく、リウマチなどさまざまな病気に悩まされていました。そのためこれらを克服しようと、体操やボディビルなどのフィジカル・フィットネスをはじめ、ヨガや禅、瞑想など、東洋のトレーニング・メソッドに興味をもつようになります。1914年頃イギリスに渡り、パフォーマー兼ボクサーとして活動。第一次世界大戦中には、強制収容所で働きながら、傷ついた患者の筋力や柔軟性を鍛えるために、ヨガや体操、古代ギリシャ、ローマの身体修練法などを融合したエクササイズを開発しました。この、病人のリハビリ用に考え出されたものが、ピラティスエクササイズの原型なのです。

体のバランスを整え内側からきれいになる

その後ピラティス氏はアメリカに渡り、最初のピラティススタジオを設立。ダンサーたちを中心に、多くの人の圧倒的な支持を受けながら、改良を重ねて各国に広まっていったのです。

ピラティスの基本原理は、深い呼吸をしながら、体の中心部分である「コア」を鍛え、体の土台を安定させることにあります。体の中心が安定し、骨盤や背骨を支える筋肉が正しい場所で正しく機能するようになれば、体の内側から健康と美しさを取り戻すことができる、という発想に基づいたエクササイズなのです。

自分の体の弱点に気付き自分で自分の体を整える

この本で紹介するエクササイズは、決して体に無理を強いたり、難しい動きをするものではありません。ストレッチ要素の強いエクササイズが中心です。しかし、ただポーズを真似すればよい、というものでもありません。自分で動かしづらい箇所、痛みを感じる場所はどこかを感じ、筋肉の衰えた場所に気付くことが重要。常に体の動きに集中し、自分がどこの筋肉を動かしているのか意識しながら行う「考えるエクササイズ」なのです。次のページの基本を理解し、体の内側から元気とキレイを手に入れましょう！

ピラティスエクササイズの6つの基本

Breathing
正しい呼吸

1　独自の呼吸法で、筋肉から不要な緊張を取り除きます。さらに、深い呼吸をすることで、酸素を体のすみずみまで送り込み、血液の循環を促進させます。

Centering
中心を意識する

2　ピラティスは体の中心部分（腹部、臀部、背中）を鍛えるエクササイズ。これらの筋肉を使って、体全体を動かすことを意識しましょう。

Precision
正確さ

3　ピラティスでは、動きの「量」より「質」を重視します。いま自分がどの筋肉を動かしているのか、常にイメージし、細かい動きも正確に行うことが大切です。

Control
コントロール

4　ピラティスのエクササイズでは、勢いにまかせて運動したり、はずみをつけて動くことはありません。自分の筋肉の動きをコントロールすることが重要です。

Concentration
体と心の集中

5　ピラティスでは、心とボディはひとつのチームとして働きます。ひとつひとつの細かい体の動きについて考えながら行うため、最大限の集中力が求められます。

Flowing Movement
流れるような動き

6　心と体をリラックスして、深い呼吸を続けながら、一連のエクササイズを流れるように行います。スムーズな動きは、体から緊張を解き、ケガのリスクも軽減できます。

いま、なぜピラティスが注目されているの？

ピラティスの魅力は、体の芯から働きかけ、体のゆがみや悪いクセを直し、
美しいプロポーションを作ることができることです。
そのほかにも、心と体にうれしい、さまざまな効果があります。

骨盤まわりを鍛え、深い呼吸をすることによって ゆがみのない、しなやかな体になる

ピラティスと他のエクササイズの違い

ピラティスの特徴は、体の中心であるコアに働きかける数少ないエクササイズだということです。これまで体を鍛えるトレーニングといえば、太い筋肉を作るものばかり紹介されてきました。それでは関節への負担が大きく、マッチョな体型になりかねません。しかし、ピラティスは、悪い姿勢や不規則な生活習慣などで、気付かないうちについてしまったゆがみやクセを整えることが目的なので、体の芯を鍛え、筋肉の弾力性と関節の柔軟性を高めるストレッチが中心。体に余計な負担をかけずに、細くしなやかな筋肉を作ることができるのです。

体の土台となるコアを鍛え体の不調を内側から改善

他にもピラティスを続けることで、心と体にうれしい効果があります。

まず、ゆがみを直し、正しい姿勢になると、体が引き締まり、バランスのとれた美しいプロポーションに近づきます。

さらに、普段使わないコアの筋肉を使うことで、内臓が刺激され、内臓の機能も高まります。具体的には便秘が解消されたり、冷え性、むくみが改善されたりといった効果があります。また自分の体を自分でメンテナンスするという目的のもとに、体の細かな動きや状態を常に意識しながら行うので、自分の体の弱点がわかる、つまり不調にも気付きやすいというメリットがあります。

深い呼吸がストレスを緩和

ピラティスのメリットは、独自の呼吸法にもあります。

ピラティスの呼吸は、息を鼻から吸い、口で吐く「胸式呼吸」。吸うときには肋骨を広げ、吐くときには肋骨の間を空気が抜けていくように行います。この呼吸法では腹式呼吸よりも、深くたくさん酸素を体内に取り込むことができるのです。深く呼吸することで、筋肉や神経をほぐし、リラックスすることができますし、自律神経のひとつでもある、副交感神経を刺激し、体の集中力を高める効果もあります。さらに、横隔膜が活発に動き、下がりがちな内臓も正しい位置に引き上がります。

ピラティス経験者アンケート

どんな人がどんな目的で始めているの？ピラティス経験者に聞いてみました！その結果、ほとんどの人が、年齢、体力に関係なく続けられ、体に良い変化があると感じていることがわかりました。

（2005年7月、インナーワークピラティススタジオにて会員100名に実施）

1 性別
- 女性 75人
- 男性 25人

2 年齢
- 31〜40歳 48人
- 21〜30歳 22人
- 41〜50歳 13人
- 51歳以上 12人
- 10〜20歳 5人

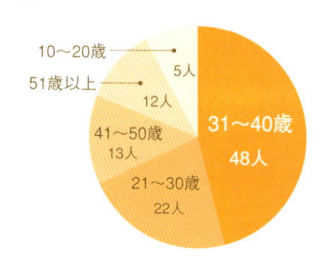

About pilates

ピラティスの効果

便秘が治る
体の深層部分を動かすことで、内臓が刺激され、血行が良くなります。新陳代謝が高まり、体内の機能が活発になると、腸が刺激されて便秘が解消されたり、冷え性が改善されたりといった効果が現れます。

肩こり、腰痛が解消される
体を支える土台の部分の筋肉を鍛え、正しい姿勢を取り戻すと、腰や肩、首にかかる負担を軽減することができます。そのため、つらい肩こりや腰痛、首の痛みなどの悩みも解消します。

ストレス解消になる
深い呼吸をし、たくさん酸素を体内に送り込むことで、筋肉や神経の緊張をほぐし、心や体をリラックスさせます。リラックス気分を促すことで、胃酸の出過ぎなど、消化機能をコントロールする効果も！

ゆがみが直り、姿勢が良くなる
骨盤が正しい位置で安定し、全身のバランスが良くなるために、ゆがみも改善します。背骨まわりの筋肉を鍛えることで、腰、背中が正しい位置で支えられ、美しい姿勢をキープできるようになります。

しなやかな筋肉がつき、引き締まったボディに
体の深層部の筋肉から鍛えるため、骨盤まわりや下半身の筋肉がしなやかに引き締まります。また、血行がよくなり、新陳代謝が高まるので、太りにくい体質になります。

免疫力が向上 不調にも気付きやすい
深い呼吸と、ストレッチにより、心と体がリラックスし、代謝がよくなるため、体の免疫機能も高まります。さらに、常に自分の体と向き合うエクササイズなので、不調にも気付きやすいのです。

柔軟性がUp！ケガのしにくい体に
骨盤が正しい位置に安定すると、関節の動く範囲が広がるので体の動きも大きくなめらかになります。体が無理なく自然にしなやかに動き、疲れにくく、ケガをしにくい体になります。

---

3 ピラティスを始めたきっかけ
- 雑誌・TVを見て 45人
- ホームページを見て 31人
- 医師・スポーツトレーナーの紹介 18人
- 知人の紹介 6人

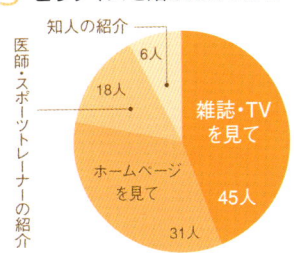

4 ピラティスを始めて変わったこと
- 体が楽に動かせるようになった 49人
- 姿勢（立ち方、歩き方）の変化 35人
- 腰痛、肩こりなどの不調による自覚症状が改善された 14人
- 特に変化は感じていない 2人

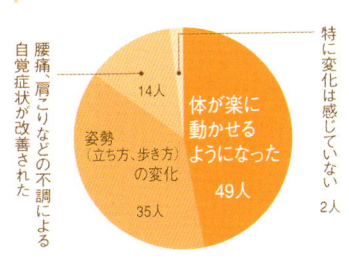

5 ピラティスを行うのに年齢、体力レベルに制限があると感じていますか
- 感じない 98人
- 感じる 2人

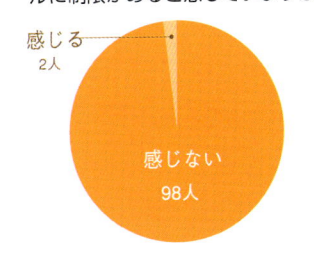

コアって何？

ピラティスは、体の土台となるコアを鍛えるエクササイズ。
では、コアとは、私たちの体の中のどの部分を
指しているのでしょうか？

腰、背中、内臓を支え、保護する部分がコア

コアは体の最も深い場所でとても不安定な部分

コアとは、骨盤周辺の筋肉と、脊柱（せきちゅう）の固有の筋肉で構成された部分で、体の動きの出発点となります。コアは、何層にも重なった筋肉のなかでも、最も骨盤や背骨に近い部分。これらの筋肉が一緒に動き、胴体を安定させています。強いコアは、背骨を安定させ、体をまっすぐにします。そうすることで、体のバランスが向上し、腕や脚を無理なく動かすことができるのです。反対にコアの筋肉が弱くなると、背骨や骨盤が不安定になり、そこをかばうために、このまわりの筋肉に余計な負担がかかってしまうのです。

ここがコア

コアの部分は、背骨以外に骨がなく、とても不安定。この部分を支えるコアの筋肉が衰えるから、体がゆがみ、悪い姿勢になったり、体のさまざまな不調が起こるのです。

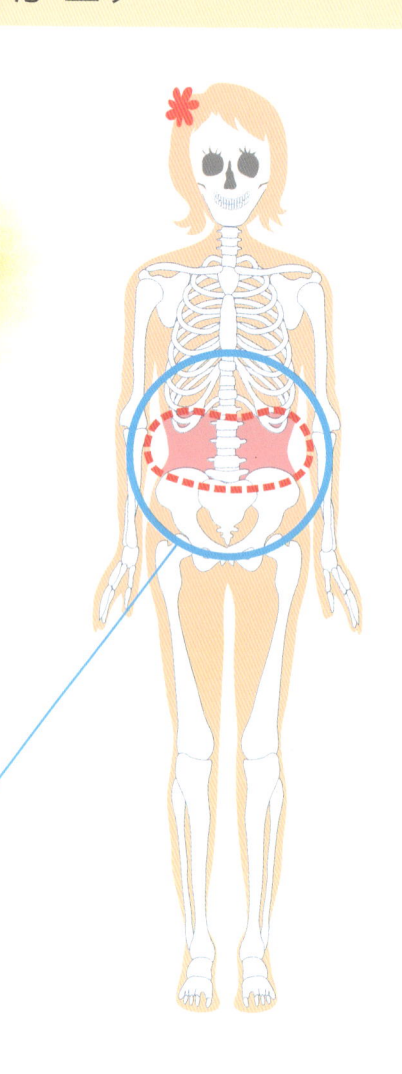

About pilates

ピラティスで特に意識する部分

骨盤と骨盤周辺の筋肉

- 腸骨（ちょうこつ）
- 腸腰筋（ちょうようきん）
  - 腸骨筋（ちょうこつきん）
  - 大腰筋（だいようきん）
- 骨盤底筋群（こつばんていきんぐん）
- 腹横筋（ふくおうきん）
- 恥骨（ちこつ）
- 座骨（ざこつ）

骨と内臓を支え、体のバランスを整える部分

骨盤から肋骨にかけてある「腹横筋」は、最も深い部分にあり、コルセットのような役割。「腸腰筋」は、大腰筋と腸骨筋を合わせた呼び方で、骨盤、背骨、脚をつなぐ筋肉。ここが弱くなると、内臓が下がりがちに。「骨盤底筋群」は、骨盤の下で、子宮、膀胱、膣など骨盤内にある臓器を支える役割をします。

背骨周辺の筋肉

脳と背骨を支える体の中心軸

「脊柱起立筋群」は、体の後ろから、背中を支える筋肉。背骨をひとつひとつつなげて支え、安定させる役割があります。「多裂筋」は、仙骨と腰をつなぎ、背骨上部まで続いています。背骨の両側にあり、腰と背骨を支える重要な筋肉です。

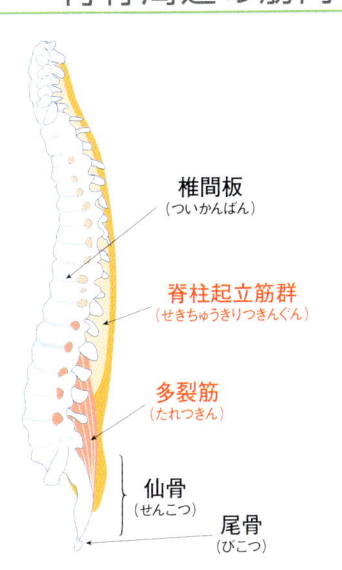

- 椎間板（ついかんばん）
- 脊柱起立筋群（せきちゅうきりつきんぐん）
- 多裂筋（たれつきん）
- 仙骨（せんこつ）
- 尾骨（びこつ）

骨盤や背骨まわりがゆがむと心と体にどんな影響があるの？

ピラティスの基本原理は、コアを鍛えて、体を本来あるべき健康状態に近づけること。
しかし、体のゆがみや不調は、日常生活ではなかなか気付かないものです。
骨盤や背骨まわりの筋力がゆがむと、実際にどんな影響があるのでしょうか？

背骨と骨盤がゆがむと、体全体のバランスが崩れ神経を圧迫し、さまざまな不調をもたらす

体の不調はゆがみが原因だった！

健康的で美しい体を作るために、体のゆがみについて理解しましょう。まず、背骨がゆがむと、姿勢が悪くなり、肩こりや腰痛の原因になります。背骨の中には神経の集中している脊椎があり、この神経が圧迫されることで、精神的にも悪影響が現れる可能性があります。

また、骨盤の周辺には、脚に血液を送るための太い血管やリンパ節が集中しているため、この部分がゆがむと、冷え性やむくみ、便秘などになりやすくなります。

ゆがみの特徴は千差万別 治療方法も人それぞれ

ゆがみは、体に負担のかかる悪い姿勢や、生活習慣の積み重ねで起こります。特に、骨盤付近の筋肉が衰えると体を支えられず、さらにゆがんでしまうことに。

しかし、人の生活習慣が千差万別であれば、ゆがみ方もさまざま。正しい姿勢を取り戻すには、自分の体のゆがみ具合に合わせたエクササイズが必要なのです。ピラティスでは、さまざまな体のゆがみのタイプを考慮し、それぞれのタイプに合ったエクササイズ法があります。まさにオーダーメイドなレッスンが可能なのです。まずは、自分の体のゆがみのタイプを把握して、最適なエクササイズを選びましょう。

Body reform

ゆがみが引き起こす心と体のトラブル

血行が悪くなり新陳代謝が低下

脚に血液を送るための太い血管やリンパ節が集中している骨盤まわりがゆがむと、血行が悪くなり、新陳代謝が低下。冷え性やむくみの原因になります。

生理痛や婦人病を引き起こす原因に

骨盤の内部には、子宮、卵巣血管神経などがあり、ここがゆがむと、血液の通り道が圧迫され、ホルモンバランスが崩れがちに。子宮や卵巣の病気の原因になったり、生理痛や更年期障害などを悪化させることにもつながります。

肥満になりやすい

新陳代謝が低下し、筋肉に栄養がいかなくなると、脂肪のつきやすい体になりがちです。また、体がゆがむとバランスが崩れ、そこを補うために、余計な筋肉や脂肪がつきやすくなるのです。背骨がゆがむと二の腕や背中に、骨盤がゆがむと下半身に脂肪がつきやすくなります。

肩こり、腰痛がひどくなる

背骨、骨盤のゆがみは筋肉の衰えが原因。体を支える筋肉が弱まることで、バランスが崩れ、ある一定の場所に負担がかかります。これが「こり」「痛み」となって現れるのです。

集中力、記憶力が低下し動悸、イライラの原因に

自律神経など、さまざまな神経が背骨から全身に広がっています。そこにゆがみがあると、障害が起こりやすくなります。例えば脳を支える背骨がゆがむと、集中力や記憶力が低下。自律神経が阻害されれば、動悸、息切れ、イライラ、ほてりなどを起こす原因になるといわれています。

内臓の不調

骨盤の周辺がゆがむと、内臓が正しい位置に納まらず、機能が低下しがち。消化機能も弱まり、便秘にもなりやすく、肌荒れの原因にもなります。

| 診断 | エクササイズの前に、体のタイプとゆがみの特徴を診断しましょう！ | ▶ | チェック方法 |

あなたの**体のタイプ**をチェック！

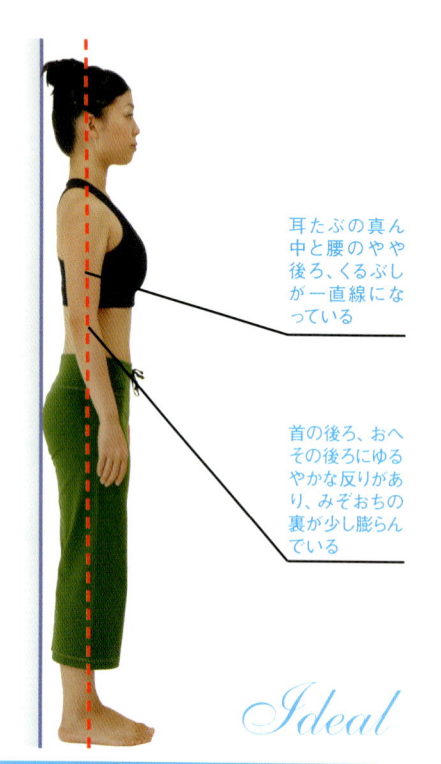

理想型タイプ *Ideal*

- 耳たぶの真ん中と腰のやや後ろ、くるぶしが一直線になっている
- 首の後ろ、おへその後ろにゆるやかな反りがあり、みぞおちの裏が少し膨らんでいる

ゆがみのない理想的な姿勢です。背中がゆるやかなS字のカーブを描いている状態。自然にこの姿勢になるのが目標です。

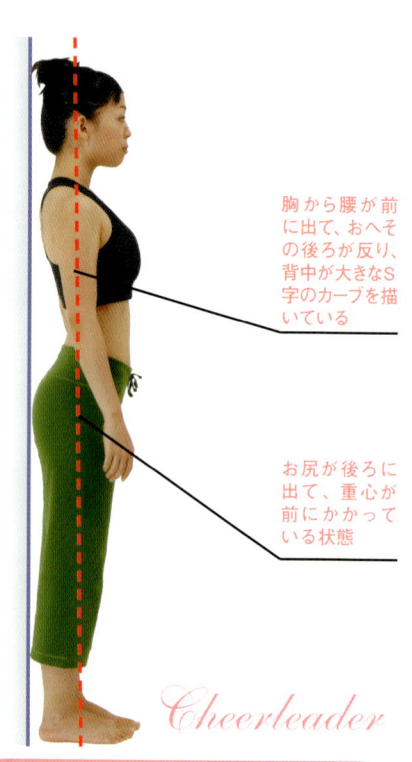

チアリーダータイプ *Cheerleader*

- 胸から腰が前に出て、おへその後ろが反り、背中が大きなS字のカーブを描いている
- お尻が後ろに出て、重心が前にかかっている状態

背中のS字のカーブが過剰なタイプ。骨盤が前に出て、出尻。重心が前にかかり、腰に大きな負担がかかります。太ももの前側はいつも張り気味になっています。

Body reform

壁を背にして、まっすぐに立ちます。自然に体の一部が壁につくくらい壁に近づき、肩と腰の力を抜いて、足をそろえ、手は真横に添えます。
このチェック方法は、できればふたり1組で行い、ひとりの場合は全身が見える鏡の前で行いましょう。

診断結果は次のページへ！
あなたの体の特徴に合わせたエクササイズを行い、ゆがみを直しましょう！

自分では大丈夫だと思っていても、体は案外傾いたり、ゆがんでいたりするものです。
あなたの普段の立ち姿勢から、ゆがみのタイプをチェックしましょう

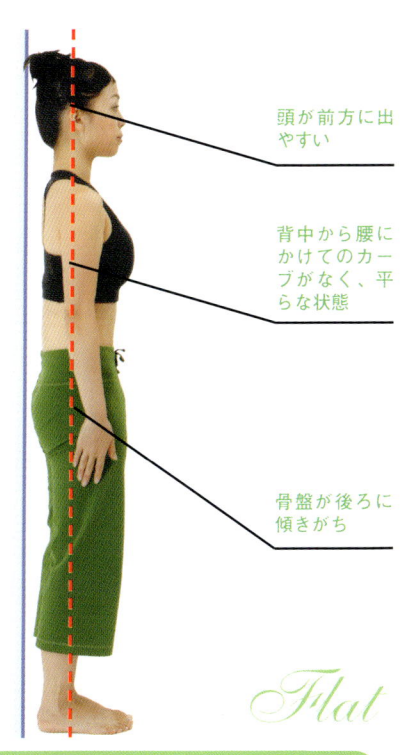

フラットタイプ (Flat)

- 頭が前方に出やすい
- 背中から腰にかけてのカーブがなく、平らな状態
- 骨盤が後ろに傾きがち

骨盤、背骨が後ろに傾きがち。背中のカーブがないため、上半身と下半身をしなやかに動かすことができず、猫背にもなりやすい。日本人に多いのがこのタイプ。

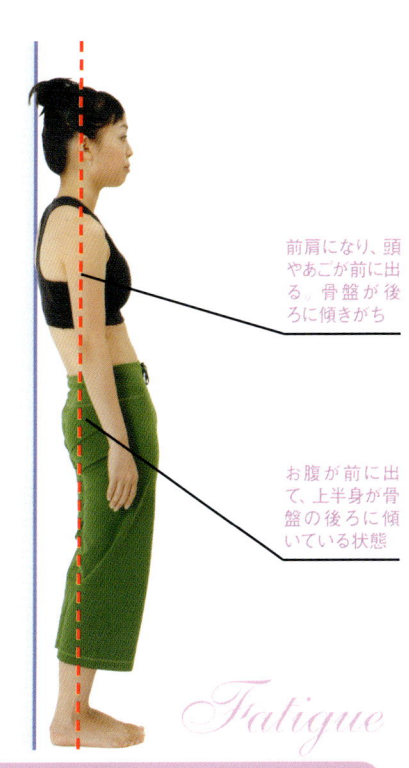

疲労タイプ (Fatigue)

- 前肩になり、頭やあごが前に出る。骨盤が後ろに傾きがち
- お腹が前に出て、上半身が骨盤の後ろに傾いている状態

骨盤と背中が後ろに傾き、脚が前にシフトしている。歩くと猫背になりがちで男性に多いタイプ。上体が骨盤にのっていないため、重心は下に下がり、内臓機能も低下しやすくなります。

生活習慣が違えばゆがみの特徴も人それぞれ！
体のタイプに合わせて効果的なエクササイズをしよう

前ページの診断結果をもとに、ゆがみの特徴を確認しましょう。
体のタイプに合わせて効果的なエクササイズを行い、理想型の姿勢の感覚をつかめるようにしましょう。

理想型タイプ　Ideal
骨盤が衰えないよう基本のレッスンを続けよう

背骨がゆるやかなS字のカーブを描き、骨盤も自然な位置にある理想的な状態。美しい姿勢を心がけ、体がゆがまないよう、コアを鍛えるエクササイズを続けましょう。

このタイプに最適なレッスンは

Lesson1.2　p29-57

骨盤、背骨を鍛えるレッスンを継続的に行いましょう。

チアリーダータイプ　Cheerleader
反り肩で出尻。腰痛になりやすい

S字のカーブが大きい、ハト胸、出尻の状態。骨盤が前に傾き、腰痛、猫背になりがちです。背骨、骨盤周辺の縮こまった筋肉を伸ばすエクササイズを行いましょう。

このタイプに最適なレッスンは

- マーメイド ……………………………… p60
- ブリッジング …………………………… p66
- ベンド　アンド　ストレッチ ………… p68
- ヒップ　エクステンション …………… p70
- スパイン　ツイスト …………………… p72
- スワン …………………………………… p74
- ソー ……………………………………… p76
- ロッキング ……………………………… p80

フラットタイプ　Flat
腰から下半身の筋肉が硬いタイプ　猫背になりやすい

日本人に多く見られる姿勢です。骨盤が後ろに傾き、背骨のカーブがなく扁平状態。太もも付近など、下半身の筋肉を柔軟にし、強化するエクササイズが効果的です。

このタイプに最適なレッスンは

- ローリング ……………………………… p62
- ローテーション　ウィズ　ポート　デ　ブレア … p64
- ブリッジング …………………………… p66
- ヒップ　エクステンション …………… p70
- スパイン　ツイスト …………………… p72
- グルーツ　ストレッチ ………………… p78
- ウォール ………………………………… p82

疲労タイプ　Fatigue
骨盤が後傾し、腰が前に。疲れ気味の男性に多い

骨盤と背中が後ろに傾き、腰が前に出た状態。上半身がしっかり骨盤にのらないので、腰痛の原因にも。疲れていると、ついこんな姿勢になりがちでは？

このタイプに最適なレッスンは

- マーメイド ……………………………… p60
- ローリング ……………………………… p62
- ローテーション　ウィズ　ポート　デ　ブレア … p64
- ベンド　アンド　ストレッチ ………… p68
- スワン …………………………………… p74
- ソー ……………………………………… p76
- グルーツ　ストレッチ ………………… p78
- ロッキング ……………………………… p80
- ウォール ………………………………… p82

こんな症状がある人もゆがみがある可能性が！
ゆがみを直して、キレイ＆元気を手に入れよう

骨盤や背骨のゆがみの影響は、体のさまざまな部分に現れます。
ゆがみ具合を知るために、下記のチェックリストで
当てはまるものを選んでみましょう。

- ☐ あお向けに寝るのがつらい
- ☐ 下半身がやせにくい
- ☐ スカートが回ったり、ズボンがよくずれる
- ☐ 左右の肩の高さが違う
- ☐ ズボンのすその長さが左右で違う
- ☐ 正座をするとひざの高さがそろわないか、片方のひざが前に出る
- ☐ 立っているとき、左右どちらかの脚で重心をとっている
- ☐ 靴底の外側だけ減る、もしくは片方の靴底だけ減る
- ☐ 生理痛がひどい
- ☐ 首や肩のこりがひどい
- ☐ 偏頭痛がある
- ☐ 眠れないことがよくある
- ☐ O脚である
- ☐ 体がよくむくむ、冷え性だ

5個以上当てはまる人
ゆがんでいる可能性がある

10個以上当てはまる人
深刻なゆがみの可能性がある

素朴な疑問を解決！

ピラティスQ&A

エクササイズを始める前に、知っておくべきこと、気になる疑問をクローズアップ！

Q いつ、どんな場所でやればよいの？

動きやすい、平らな場所であればどこでも可能です。ただし、常に最大限の集中力を求められるエクササイズなので、朝や夜などの時間にこだわらず、気持ちが落ち着いて、集中できる時と場所を選んで行うとよいでしょう。

Q どのくらいのペースで1日に何分やればよいの？

ピラティスは、量よりも質を重視。短時間であっても、集中して正確に行うことができれば、効果的なエクササイズができます。継続することを目標に、週に2〜3回、10分〜1時間、自分のペースで、無理のない程度行いましょう。

Q 体力に自信がないけど大丈夫？

ピラティスは、もともと病気になった人や、ケガをした人のためにリハビリ用として開発されたエクササイズ。体力に自信がなかったり、これまで運動をしていなかった人でも大丈夫です。年齢や体力に関係なく、誰でも行えることもピラティスの魅力なのです。

Q 体がとても硬いから、正確なポーズができるか心配

体が硬いと、体がゆがんでしまう原因に。ピラティスでは、柔軟性を高める、さまざまな動きを取り入れているので、続けることで、次第に柔軟な体に近づきます。この本では、初心者でも無理なくできる、簡単なストレッチを中心に紹介しています。

Q&A

Q 他の運動と並行してやってもよいの？

OKです。ウォーキングなどの有酸素運動と組み合わせると、ダイエット効果がアップします。しかし、ピラティスは細くしなやかな筋肉を作るので、太い筋肉を作る筋力トレーニングなどと組み合わせる人は少ないようです。

Q ヨガとどう違うの？

ピラティスは、ヨガの要素も取り入れ開発されたので、多くの共通点があります。ヨガでは誰もが同じポーズを行うのに対し、ピラティスは基本的に「体を正しい状態に整える」ことが目的なので、体のタイプに合わせて調整する、オーダーメイドのエクササイズであるという点が大きな違いといえます。

Q プライベートレッスンとグループレッスンの違いは？

プライベートなら、自分の体に合ったレッスンが可能。グループレッスンは安価なので気軽に続けられます。まず、プライベートレッスンで、自分の体に合ったエクササイズを集中的に学んだ後、グループレッスンを続けてみては？

Q 妊娠していてもできる？やってはいけないことは？

ピラティスは、オーダーメイドのエクササイズなので、妊娠中に最適な、安産のためのエクササイズも可能です。ただし妊娠初期は避け、安定期に入ってからが無難。必ずトレーナーの指導を受けながら、無理のない程度に行いましょう。

Q ピラティスグッズはどこで買えるの？

特別に用意するものはなく、動きやすい服装であればOK。ヨガマットよりも少し厚めのマット（厚さ6mm程度）があるとさらに良いでしょう。ピラティス専用のウェアやグッズは、各スポーツメーカーで購入できます（92ページを参考に）。

ちょっぴり休憩タイム！

「冷え」が万病の元といわれる理由

冷えから始まる悪循環って？

女性のふたりにひとりが悩んでいるともいわれる「冷え」。 骨盤がゆがむと、血行が悪くなり、血液が全身に熱を十分に運ぶことができなくなるため、冷えが起こることは前述したとおりです。しかし実は、冷えは、悪循環の始まりでさまざまなトラブルの元なのです。**骨盤がゆがみ、筋肉が硬くなる→筋肉が熱を生み出せなくなり、血をめぐらせるポンプ機能も弱くなる→より血行が悪くなる、**という具合。寒いとブルブル震えるのも、体が筋肉を動かし、熱を出そうとしている証拠なのです。

影響はこれだけではありません。体が冷えると免疫力が下がり、あらゆる病気にかかりやすくなります。**貧血、生理不順、肌荒れなどはもちろん、アレルギー性疾患も冷えが原因のひとつ**だというのですから驚きです。

冷えを防ぐには、まず骨盤まわりを鍛えること。さらに、常日頃から冷やさない工夫も大切。例えば、時間をかけて半身浴をすれば、体がポカポカ温まってきます。ショウガ湯や柚子湯、入浴後のストレッチも効果的。腹巻きやレッグウォーマーで体を温めるのもおすすめです。

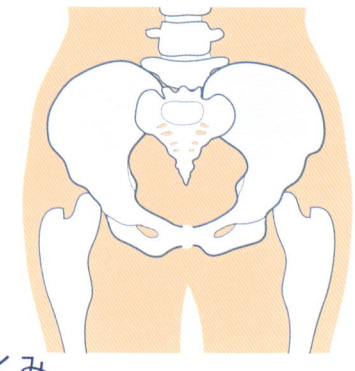

骨盤のしくみ
骨盤の底の部分には骨がなく、筋肉が内臓を支えています。この筋肉が弱ると、血行の悪さや冷えの原因に。

冷えに効く半身浴
ぬるめのお湯（38℃〜40℃）で、ゆっくり（15〜30分）体を温めるのがポイント。入浴後は湯冷めに注意して。

Lesson 1
プレ・エクササイズ

まずは、ピラティスを行うとき重要となる
基本の姿勢や動作をマスターしましょう。
常に、自分がどの筋肉を動かしているのかを感じる、
独特の胸式呼吸を意識して行う、
背骨や骨盤などの動きを感じながら動かす。
ここでは「自分の体を意識する」ことが
ポイントです。

- 基本姿勢　Neutral Position ……………… p 30
- ブリージング　Breathing ……………… p 32
- インプリンティング　Imprinting ……… p 34
- ペルビック・ボール　Pelvic Ball ……… p 36
- エンジェル・アームス　Angel Arms …… p 38
- キャット　Cat …………………………… p 40

Lesson 1

ココをFOCUS！
- 体のゆがみ・クセ
- 心身のリラックス

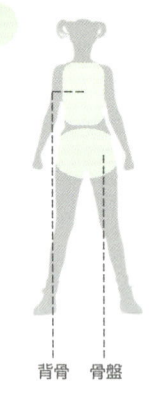

心身ともにリラックスした状態から、自分の体のゆがみやクセを知りましょう。

背骨　骨盤

正しい姿勢をしっかりマスターすれば、効果は倍増！

基本姿勢

Neutral Position

レッスンを始める前に、まず身につけておきたいのが基本となる姿勢です。正しい姿勢が身につけば、骨や内臓が正しい位置に戻され、エクササイズの効果も確実に上がります。基本姿勢から始まるエクササイズは多いので、しっかり身につけておきましょう。

あお向けに寝て、ひざを立てます。全身に余計な力を入れず、リラックスするのがポイント。

頭
床と平行になるようにします。上の方に引っ張られるイメージで。

首・あご
力を抜き、あごが上につき上がったり、引き過ぎたりしないよう気をつけて。

肩
両肩の後ろは床につけて、リラックス。

背中
反り過ぎて、腰を浮かせないように注意。

Pre-exercise

Let's check!

体のゆがみをチェックしてみよう！

直径15cm、長さ1mほどの円柱の発泡スチロールや固めのクッションに、背骨をのせてあお向けになってみましょう。

このとき、ぐらついて円柱から落ちてしまったり、背中が浮いたり、左右どちらかの脚に体重がかかったり、バランスが崩れてしまう人は、基本姿勢ができていないという証拠。このように、フォームローラーなどを使うと、体のちょっとしたバランスの乱れや、自分のクセを簡単にチェックできます。

お腹
背骨とおへそが、近づき合うようなイメージ。

脚
骨盤の幅に開き、ひざはまっすぐ天井に向けて。

手
手のひらは下に向け、指は足先の方にまっすぐに向けて。

骨盤
左右の腸骨（ちょうこつ）と恥骨（ちこつ）を結んだ三角形が床と平行になるようにします。

このエクササイズの Point

1　余計な力を入れず、自然な姿勢で。
リラックスし、筋肉をゆるめた状態のほうが、エクササイズの効果がぐっと増します。

2　体を正しい位置に置くよう、意識して。
体の軸を安定させることで、背骨や骨盤を正常な位置に戻し、正しい姿勢を取り戻せます。

Lesson 1

ココをFOCUS！
- 腹筋強化
- 深い呼吸

体の奥の筋肉を使って呼吸すると、腹筋群が鍛えられ、体の内側が活性化されます。

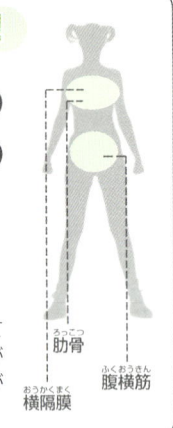

肋骨
横隔膜（おうかくまく）
腹横筋（ふくおうきん）

心と体をリラックスさせ、さらに新陳代謝もアップ

ブリージング
Breathing

ピラティスでは呼吸法（胸式）が重視されています。深い呼吸をすることで、心と体をリラックス。また、筋肉に十分な酸素を送ることで、新陳代謝がアップします。正しい呼吸を繰り返すだけでも、体の奥が鍛えられるので、しっかり行いましょう。

1 Ready…
脚を腰幅に開き、リラックスして立ちます。

> 肩に力を入れたり、あごを突き出したり、引き過ぎないように。

吸

> 肋骨が360度全体に広がっていくように。

2 息を鼻から吸っていきます。背骨を上に向かって長く伸ばすようなイメージで。このとき、前肋骨付近に手をあてると、肋骨の動きを把握しやすいです。

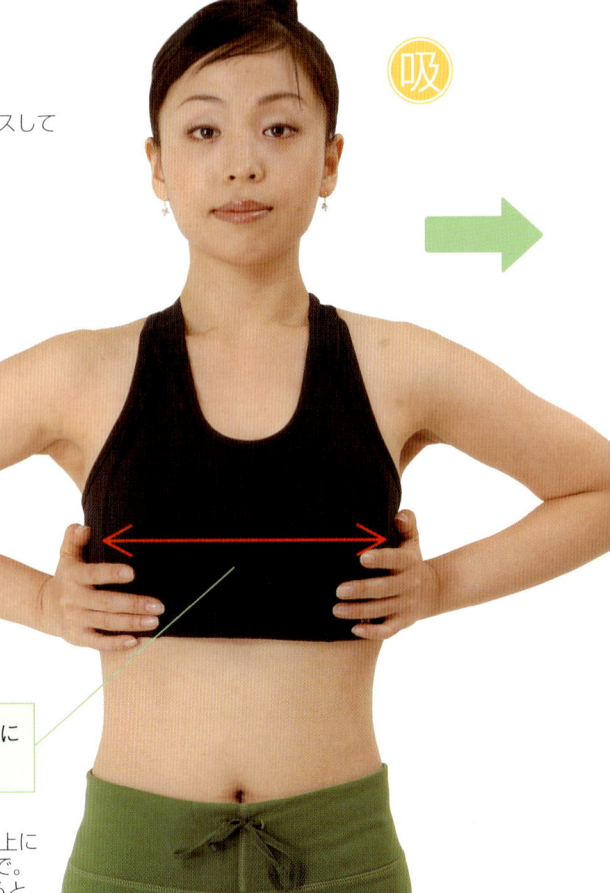

Pre-exercise

Close up!

ピラティスの呼吸は、鼻から深く吸って横隔膜に空気を送り、口からゆっくり吐き出すという「胸式呼吸」です。肋骨の間を空気が通り抜けていくようイメージするのが、この呼吸のコツです。

助骨が360度全体に広がるように。
OK

背中が反りかえらないよう注意。
NG

3 FINISH！

口から息を吐きます。

吐

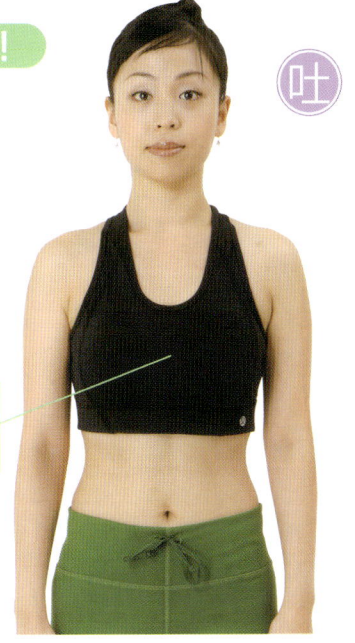

前肋骨のすき間を息が抜けていくようなイメージ。

NG

息を吸うとき、胸で呼吸することに気をとられ、背中が反ってしまわないように注意。

Point

1	呼吸するときは、肋骨を360度膨らませるようイメージ。	ピラティスの呼吸は、独特のもの。お腹をへこませて、横隔膜を上げ、深い呼吸をします。肋骨の動きを感じながらやると、感覚をつかみやすいでしょう。
2	肩や首に力を入れず、リラックス。	ブリージングは、心身の緊張を解くもの。呼吸法に気をとられて、肩や首などに余計な力を入れないように注意しましょう。

Lesson 1

ココをFOCUS!

腹筋の強化
背骨・骨盤矯正

腹筋を鍛えることで、核となる背骨と骨盤を正しい位置に戻し、さらに内臓が正しい場所に引き上げられます。

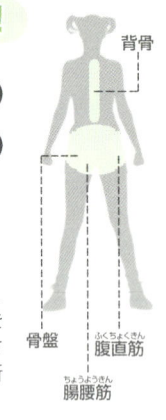

背骨 / 骨盤 / 腹直筋 / 腸腰筋

腹筋の動きを把握し、骨盤と背骨のゆがみを正す

インプリンティング

Imprinting

ピラティスを行う上で、腹筋の動きは重要なポイントとなります。インプリンティングは、きわめて基本的な腹筋の動かし方を体得するエクササイズです。どのように腹筋を使うのか、しっかり身につけて、より効果的なエクササイズができるようにしましょう。

1 Ready…

基本姿勢をとります。脚は腰幅程度に開いて、ひざを立てて、あお向けに。この状態で、息を吸いましょう。

吸

※腰の動きを見せるために、腕を上げています。

Close up!

腰は床から指2本入るくらいの間隔が開いている。

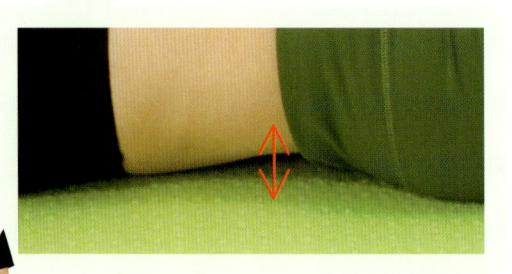

34

Pre-exercise

2 FINISH !

息を吐きながら、腹筋を使って、肋骨と腰骨を近づけていきます。息を吸って、また基本姿勢に戻します。

吐

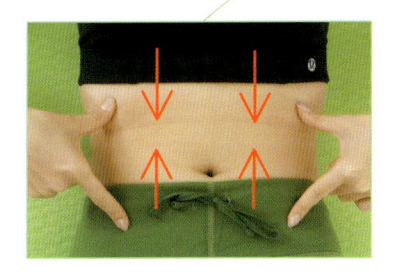

NG 肋骨と腰骨の動きに気をとられ過ぎて、お尻が巻き上がってしまわないよう注意。

足やお尻の力を使わないように。

Close up! 腰は床に近づけて。

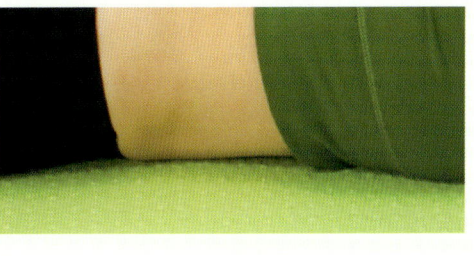

Point

1　腹筋のみを動かして。　　肩、首、お尻の筋肉は使わない。腹筋以外の部分は基本の位置からずれたり、動いたりしないよう注意。

2　イメージしながら腹筋を動かしてみましょう。　　腹筋を動かすときには、おへそと背骨を引き寄せるようにイメージすると、思うように動かせます。

35

Lesson 1

ココをFOCUS！

- 骨盤矯正
- 腹筋引き締め

骨盤を上下左右に動かすことで、骨盤のゆがみを正します。腹筋を使うので、下腹の引き締め効果も。

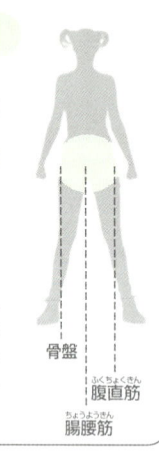

骨盤
腹直筋
腸腰筋

骨盤を自在に動かして、正しい位置に戻す

ペルビック・ボール

Pelvic Ball

体の中心に位置し、姿勢を支える重要な役割を果たしている骨盤。この部位をなめらかに、自在に動かすコツをつかみましょう。骨盤周辺の硬くなった筋肉をほぐし、股関節（こかんせつ）などがスムーズに動くようになるだけでなく、ゆがんだ骨盤を正しい位置に促すこともできます。

1 Ready…

基本姿勢をとります。ひざを立て、あお向けに。
まずは、骨盤をおへその上の方へ傾けましょう。お腹の上にボールを置いて、転がすイメージで骨盤を動かして。

Pre-exercise

2
続いて、ボールを左側の方へ転がすイメージで、骨盤を傾けます。

左右の腰骨の高さが変わらないように注意。

おへそと背骨を引き合わせるように。

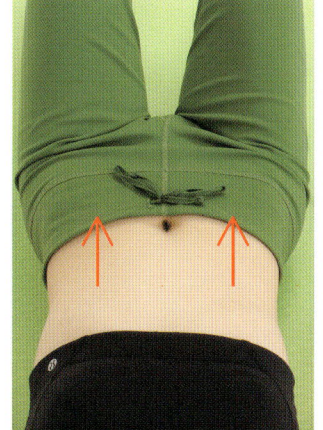

行う回数
3回

体の奥の方の筋肉を強く意識して。

3
今度は股関節（こかんせつ）の方にボールを転がすように。恥骨（ちこつ）を床に向けるようにギューっと押し下げていきましょう。

4 FINISH！
そのまま動きを止めず、ボールを右側に転がすように、骨盤を傾けていきます。
骨盤をぐるっと1周回して、元の位置に戻して。同じ要領で、反時計回りも行いましょう。ここまでの動きを3回繰り返します。

このエクササイズのPoint

1	お腹の奥の方の筋肉（コアの筋肉）を使うよう意識。	単純に腰の上げ下げの動きをしないように注意して。体の奥の筋肉を動かすことで、骨盤を正しい位置に置く助けをします。
2	流れるような動きと、自然な呼吸を目指して。	途中で止めず、なめらかな動きをすることで、しなやかな筋肉を鍛えられます。

Lesson 1

ココをFOCUS！
- 体幹の安定
- 肩周辺のストレッチ

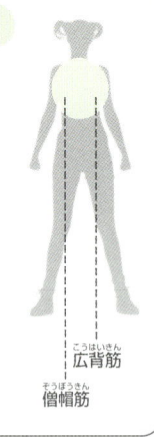

広背筋
僧帽筋

体の軸を安定させたまま、肩を上下させることで、硬直した肩周辺の筋肉をほぐします。

肩周辺をしっかりほぐして、肩こり解消

エンジェル・アームス

Angel Arms

首や肩の位置を変えずに、腕だけを動かすエクササイズです。体の軸をしっかり安定させ、基本姿勢を保つ感覚を覚えましょう。腕の上げ下げを行うことで、肩周辺の筋肉がほどよくほぐされます。肩こり解消への第一歩となる運動です。

1 Ready…
基本姿勢をとります。ひざを立て、あお向けに。

2
胴全体（体幹）をしっかり安定させて、息を吸いながら、両腕を頭の方へ向かってゆっくり上げていきます。

吸

肩甲骨とみぞおちを床につけます。

腹筋を安定させましょう。腰周辺がぐらつかないように注意。

Pre-exercise

3

頭の上まで腕を上げきったら、続けて息を吐きながら、ゆっくり両腕を横に開き、元の位置に戻します。
この動きを3回繰り返しましょう。

行う回数
3回

吐

FINISH！

NG

両腕を上げたとき、肩を上げたり、背中を反らせない。
余計な力は抜いて、リラックスして行いましょう。

このエクササイズの Point

1　肩や首を動かさず、腕だけを動かして。

勢い余って、肩や首まで動かしてしまうと、逆に全身の筋肉を緊張させてしまいます。腕だけをゆっくり動かしましょう。

2　体の軸がぶれないように注意。

単純に腕を上げ下げするエクササイズではありません。体の軸を常に意識し、安定させる感覚を養いましょう。

Lesson 1

ココをFOCUS！

- 背骨矯正
- 背筋ストレッチ

背骨を意識して動かすことで、背骨を正しい位置に置く働きを促します。また、こり固まった背中の筋肉をほぐします。

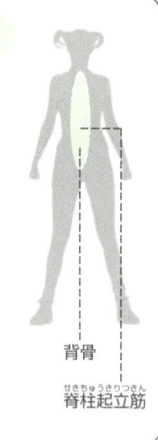

背骨
脊柱起立筋（せきちゅうきりつきん）

背骨をひとつずつ動かして、腹筋～背中の筋肉を活性化

キャット

Cat

猫のように背中を伸ばしたり丸めたりするエクササイズです。背骨をひとつずつ動かすよう意識しましょう。この運動をすることで、腹筋や背中の筋肉をほぐし、さらに活性化することができます。背中は意外とこっているもの。背骨の柔軟な動きを身につけましょう。

1 Ready…

両手、両脚を肩幅くらいに開き、四つんばいになります。肩の下に手のひら、お尻の下にひざがくるようにして。ここで息を吸って、動き始める準備。

吸

2

息を吐きながら、おへそを背骨の方へ引き入れるように背中を丸めていきましょう。

吐

背骨をひとつずつ動かすイメージで。

Pre-exercise

3

みぞおちの裏側が一番高くなるようにしながら、どんどん背骨を丸めるように動かして。

頭から腰までのカーブがひとつの曲線になるように。

吐

NG

丸めた背中を元の位置に戻していくとき、前のめりになってしまったり、お尻の方に引いてしまわないように。

4 FINISH！

息を吸って息を吐きながら、お尻からゆっくりと背骨をスタートの姿勢に戻します。
この動きを3～5回、繰り返しましょう。

吸 → 吐

行う回数
3～5回

戻すときも、背骨をひとつずつ動かして。

このエクササイズの Point

1　肩とお尻の位置を固定して。

背中を動かしているときに、肩とお尻の位置がずれてしまったら、体の軸がぶれている証拠。体の位置を安定させるよう注意しましょう。

2　背骨の動きを意識しましょう。

背骨がどのような動きをしているのか意識するだけで、エクササイズの効果は倍増します。

ちょっぴり休憩タイム！

体の「ゆがみ」を防ぐちょっとした工夫

ふとしたしぐさが「ゆがみ」になる

誰にでもついつい無意識のうちにしてしまう姿勢やしぐさがあるもの。ふたりで歩くときにいつも同じ側にいる、同じ肩にショルダーバッグをかけている、なんてことはありませんか？

ささいなことですが、日常の姿勢やしぐさが積もり積もって、体のゆがみにつながります。悪い姿勢に合わせて、**筋肉がアンバランスな形に発達し、骨格もゆがんでしまう**のです。

ゆがみを防ぐポイントは、「左右対称」。左右バランスよく使って生活をすること。パソコンを正面に置かずに作業している（体をねじって作業している）、スポーツなどで片方の手ばかり使う、といった動作もゆがみにつながるので気をつけましょう。

例えばこんな姿勢やしぐさも気をつけて！

◆片足に重心をかけるモデル立ちはNG。立つときは、両足に均等に体重をかけて。

◆横座りやベタ座りはゆがみの元。片方の脚ばかりを上にして脚を組む動作も、ゆがみの原因に。

普段の何げない姿勢は、意外にアンバランス。たまにいつもとは違う方の手を使ってみるなど、左右のバランスを意識して生活して「ゆがみ体質」を改善しましょう！

いつもとは違う肩にかける
ショルダーバッグをかける肩、カバンを持つ手も、意識して逆に。重さが左右均等にかかるリュックもおすすめ。

背筋をピンと伸ばして座る
背筋をピンと伸ばします。少し浅めに腰掛け、背中が背もたれによりかからず、ちょうど平行になる位置がベスト。

Lesson2
ベーシック「コア」エクササイズ

基本の姿勢や動きを確認したら、
続いて体の軸となる背骨や
骨盤のゆがみを正す
エクササイズを始めましょう。
ゆがみを直すと、
美しい姿勢を身につけられるだけでなく、
内臓が正常に働くよう
促すことができます。

Core of body

- レッグ・スライド　Leg Slide ……………… p 44
- ニーズ・アウェイ　Knees Away ……………… p 46
- シングル　レッグ　ストレッチ　Single Leg Stretch … p 48
- オブリークス　キャンキャン　Obliques Cancan … p 50
- ブリッジ　Bridge ……………………………… p 52
- レッグ　プル　フロント　サポート
  Leg Pull Front Support ……………………… p 54
- ロール　オーバー　Roll Over ……………… p 56

Lesson 2

ココをFOCUS！

- 骨盤矯正
- ウエストシェイプ
- 美脚

お腹の奥の筋肉を鍛えて、すっきりしたウエストに。また、脚を曲げ伸ばしする運動で脚全体を刺激するので、美脚効果もあります。

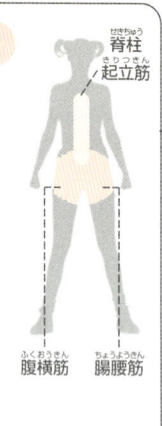

脊柱起立筋
腹横筋
腸腰筋

脚を動かしても軸がぶれない体を作る

レッグ・スライド

Leg Slide

骨盤

骨盤を安定させたまま、脚を曲げ伸ばしするエクササイズです。脚を動かすと骨盤がぶれがちですが、それを抑えることでお腹の奥の筋肉を鍛え、引き締まった下腹部を取り戻します。

1 Ready…

基本姿勢をとります。
あお向けに寝て、両ひざを曲げて。

2

息を吐きながら、脚を先の方へ押し出していきましょう。

吐

息を吐くとき、お腹の奥の筋肉の力を使って、脚を動かしましょう。

Core of body

| 1 Ready… | 2 | 3 | 4 Finish! |

腰をグラグラさせないよう、左右の腸骨（ちょうこつ）と恥骨（ちこつ）を結んでできる三角形が床と平行になっているかを意識して。

吸 → 吐

3

脚を伸ばしきったら、息を吸います。
息を吐き出しながら、押し出すときと同様に元の位置に戻して。
これを左右それぞれ3回ずつ繰り返しましょう。

FINISH !

行う回数
左右 **3** 回ずつ

伸びた脚の方に、骨盤が傾き落ちてしまわないよう注意。

NG

このエクササイズの **Point**

| 1 | 脚全体の筋肉の動きも意識して。 | 脚を曲げ伸ばしするとき、脚全体の筋肉も刺激しています。ただ動かすだけでなく、そのことを意識しながら行うとより効果が上がります。 |
| 2 | 骨盤の位置を安定させ、胴体がぐらつかないように注意。 | お腹や背中の奥の筋肉を意識して動かし、頑丈な体の軸を作ることで、体のゆがみを矯正したり、内臓を元の位置に戻すことができます。 |

Lesson 2

ココをFOCUS！

- 骨盤矯正
- 内もも引き締め
- O脚矯正

股関節を動かし、柔らかくすることで、骨盤矯正・O脚矯正の効果が期待できます。また、内ももを刺激し、引き締めます。

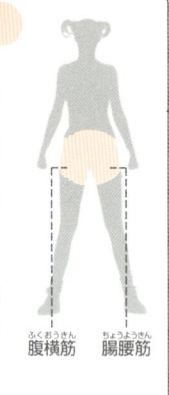

腹横筋　腸腰筋

股関節を柔らかくして、スムーズな脚の動きを身につける

ニーズ・アウェイ

骨盤 # Knees Away

脚を横に開き、股関節を柔らかくするエクササイズです。股関節を動かすことで、骨盤のゆがみを矯正。血液やリンパの流れをスムーズにし、ぜい肉のつきにくい体を作ります。また、O脚の矯正にもつながる動きです。

1 Ready…

基本姿勢をとります。マットにあお向けに寝て、両ひざを曲げて。

2

息を吐きながら、片ひざを曲げたまま横に開いていきましょう。

脚を開いている際、首や肩に力が入らないように、リラックスして。

立てている脚まで外側に開かないように固定しましょう。

吐

骨盤の位置がずれないように意識して。

Core of body

1 Ready… ▶ 2 ▶ 3 Finish!

3 FINISH！

脚を開ききったら、息を吸いながら、ゆっくりと元の位置に戻します。これを左右交互にそれぞれ3回ずつ繰り返しましょう。

吸

行う回数 左右 3 回ずつ

開いた脚の方に、骨盤が傾き落ちてしまわないよう注意。

NG

このエクササイズの Point

1 脚の動きにつられて、体の軸がぐらつかないように注意。
体の軸を安定させることで、骨盤のゆがみを解消することができます。

2 無理をせず、徐々に股関節の開きの幅を広げていく。
股関節が硬い人が無理に広げようとすると、逆に痛めてしまう可能性があります。焦らず、徐々に柔らかくほぐしていきましょう。

47

Lesson 2

ココをFOCUS！

- 背骨・骨盤矯正
- ウエストシェイプ
- 腎臓活性化
- 太もも引き締め

お腹の筋肉を引き締め、美しいウエストラインを作り、さらに腎臓も活性化させます。

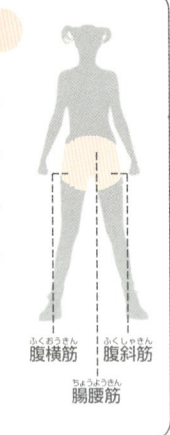

腹横筋　腹斜筋
腸腰筋

外からも内からもキレイなお腹を作る

シングル　レッグ　ストレッチ

骨盤 Single Leg Stretch

片脚ごとに曲げ伸ばしするエクササイズです。お腹の奥の筋肉を徹底的に鍛えます。また、脚を斜め上に伸ばし、骨盤と脚のつけ根をストレッチ。太ももにかなりの負荷を与えることで、すっきりしたレッグラインを作れます。

1 Ready…

基本姿勢をとります。
あお向けになり、息を吸ったら、吐きながら腹筋を使って肋骨（ろっこつ）と腰骨を近づけましょう。

2

首、肩に力が入らないように気をつけましょう。

吐

ひざ、股関節（こかんせつ）がそれぞれ90度になるよう、両脚をそろえて上げます。両手は両ひざを抱えるようにそえて。
軽くあごを引き、息を吐きながら胸の下まで上体をロールアップします。

Core of body

1 Ready… ▶ 2 ▶ 3 ▶ 4 Finish!

3

吸 → 吐

ひと呼吸おき、息を吐きながら、右脚を斜め上へまっすぐ伸ばしましょう。

伸ばした脚が下がらないように気をつけて。お腹を引き上げるように意識すると良いでしょう。

NG

首だけ上げるのではなく、肩甲骨から上をロールアップ。脚も下がらないように注意。

4 FINISH !

脚を伸ばしきったら、息を吸いながら、ゆっくりと元の位置に戻します。慣れてきたらこれを左右交互にそれぞれ24回ずつ繰り返しましょう。

行う回数 左右 **24回ずつ**

吸

右脚と左脚を変えるときに呼吸、動作ともにスムーズに流れるように意識して。

EASY STYLE 両脚を上げるのが難しい場合

両脚を上げるのが難しい人は、片脚を床に置いたままでもOKです。

脚の動きに負けないよう骨盤を安定させて。

このエクササイズの Point

1	胴体は安定させたまま、脚だけを動かしましょう。	体の軸となる胴体をしっかり安定させることで、お腹の奥の筋肉をより強化することができます。
2	脚をまっすぐ、遠くに長く伸ばすイメージ。	脚をしっかり伸ばすことで、太ももとお尻の筋肉がシェイプアップされます。

Lesson 2

ココをFOCUS！

- 骨盤矯正
- ウエストシェイプ
- 下半身シェイプ

主に、わき腹の筋肉を引き締めます。さらに、両脚を曲げ伸ばしすることで、下半身を全体的に刺激するので、下半身の引き締め効果もあります。

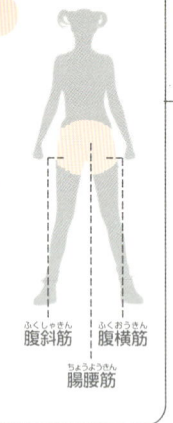

腹斜筋　腹横筋
腸腰筋

ウエストくびれを作る、腰のひねり運動

オブリークス　キャンキャン

骨盤 Obliques Cancan

骨盤をねじりながら行うエクササイズです。お腹の奥の筋肉とわき腹を鍛えながら、伸ばした脚をストレッチさせます。しっかりした体の軸を作るのに有効な運動です。

1 Ready…

座った状態で、体を後ろに倒し、両腕を床につけます。
両ひざを曲げて、床から脚を浮かせて。

腕は腰の後ろに置いて。

2

両脚を右側に少し傾けて、息を吸います。

吸

脚を傾けたとき、お尻が浮かないように注意。

Core of body

3
息を吐きながら、両脚をそろえて、右上方に伸ばします。

ひざは曲げず、まっすぐ伸ばす。

吐

EASY STYLE
クッションに座って行うと、お尻がすべったりせず、もっとラクに動くことができます。

NG
腰が落ちたり、肩が上がってはいけません。

4
まっすぐ伸ばしたら、息を吸いながら両脚を下げ、元の位置に戻して。右脚と同様に、左側も行いましょう。この運動を、左右それぞれ4回ずつ繰り返します。

吸

FINISH！

行う回数
左右 **4**回ずつ

このエクササイズの Point

1	リズミカルに脚を動かしましょう。	一定のスピードを保ちながら動かすことで、筋肉が活性化され、よりエクササイズの効果が高まります。
2	呼吸と脚の動きがバラバラにならないように気をつけて。	脚の動きと呼吸のタイミングが合っていないと、筋肉の動きがちぐはぐになってしまうので注意しましょう。

Lesson 2

ココをFOCUS!

- 背中やせ
- ウエストシェイプ
- ヒップアップ
- 太ももシェイプ

背骨の動きを意識しながら、背中から太ももまでを動かすので、とくに体の後ろ部分(背中やお尻)がシェイプされます。

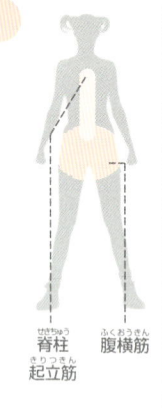

脊柱起立筋(せきちゅうきりつきん)
腹横筋(ふくおうきん)

背中から太ももまでを一度に引き締める

ブリッジ

Bridge

背骨

背中から太ももまでを床から浮かせ、腰からお腹まわりを引き締めるエクササイズです。背中、お腹、お尻、太ももの裏側など体の中央部分を強化。この部分をしっかり鍛えることで、左右のバランスを修正し、体全体のゆがみを正すことができます。

1 Ready…

基本姿勢をとります。あお向けに寝て、両脚を肩幅くらいに開いてひざを曲げましょう。両手のひらは床にしっかりつけて。

- 頭はまっすぐ。
- 肩は下げてマットにつけて。

吸

2

動き出す前に、息を吸って。息を吐きながら、背骨をお尻の方からひとつずつ離していき、腰を持ち上げていきます。

吸 → 吐

- 肩甲骨(けんこうこつ)は床につけたまま。
- 体を反らせないように気をつけて。

52

Core of body

| 1 Ready… | 2 | 3 | 4 Finish! |

3

胸とももの前側が一直線になったら、もう一度息を吸って。
息を吐きながら、背骨をひとつずつ下ろしていきます。
この動きを4回繰り返しましょう。

吸 ----> 吐

行う回数 **4回**

FINISH !

NG
肩に力を入れ過ぎて、肩が上がったり、首が引けてはいけません。

Challengeしてみよう!
余裕がある人は、両腕を天井に向けて上げ、ブリッジの動きをやってみましょう。腹筋をより使うことができ、効果は倍増します。

このエクササイズの Point

1 背骨をひとつずつ動かすよう意識して。
背中の動きに集中し、背骨のひとつひとつを意識し、丁寧に動かすことで、背骨のゆがみを正す効果も期待できます。

2 肩や腕は力を入れず、リラックス。
肩や腕など動かさない部位に余計な力が入り、緊張状態になってしまっては逆効果。リラックスして。

Lesson 2

ココをFOCUS!

- 猫背矯正
- ウエストシェイプ
- 太ももシェイプ

背中から太ももにかけて、全体の筋肉を使うので、すっきりしたボディラインを作れます。また、肩や背中の筋肉を鍛えるので、猫背矯正にも効果的。

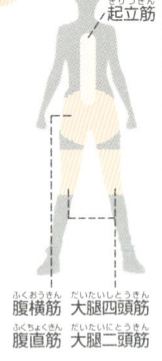

脊柱／起立筋／腹横筋／腹直筋／大腿四頭筋／大腿二頭筋

全身の筋肉を鍛えて、すっきりボディラインをゲット

レッグ　プル　フロント　サポート

背骨 骨盤 Leg Pull Front Support

四つんばいになり、両脚をリズミカルに上げ下げするエクササイズです。体の軸を1枚の板のようにイメージして、腹筋や背骨・骨盤周辺のすべての筋肉を鍛えます。また、太ももの筋肉も鍛えるので、美脚効果もあり。

1 Ready…

両手は肩幅、両脚は腰幅に開いて四つんばいになります。つま先を立てて、息を吸って準備。息を吐きながら、両ひざを少しだけマットから持ち上げます。

腰が反り過ぎたり、丸まり過ぎないように気をつけて。

吸 ----→ 吐

手のひらが肩の下、ひざがお尻の真下にくるように。

Core of body

1 Ready… **2** **3** Finish!

2 FINISH!

息を吸って、左のつま先をほんの少しマットから離しましょう。
続いて、息を吐きながら、左足を戻して1の姿勢に戻ります。
同じ要領で左右それぞれ6回ずつ繰り返しましょう。

骨盤がグラグラ傾いたり、頭が落ちたりしないように意識して。

吐 ←→ 吸

腹筋を引き上げるようイメージして。

行う回数 左右 **6** 回ずつ

NG 片足を上げるとき、お尻が上がってしまってはいけません。頭と胸が落ちてしまうのもNGです。

EASY STYLE 片足をうまく上げられない場合は
片足を持ち上げられない場合は、ひざをつき、足先をマットから離すだけでもOKです。

このエクササイズの Point

1 体の軸をしっかり固定しましょう。
体の奥の筋肉を鍛えることを考えつつ、腰から骨盤を安定させて、ぐらつかないよう気をつけて。

2 足の上げ下げをするときは、腹筋を意識して。
単純に足の上げ下げをするだけでなく、腹筋を引き上げるようにイメージして行うと、さらにウエストシェイプ効果が増します。

Lesson2

ココをFOCUS！

脊柱
起立筋
腹斜筋
腹横筋

- 背骨矯正
- 肩こり解消
- 下腹部シェイプ

主に、下腹部のシェイプアップ効果が期待できます。また、脚を上げる際に、背骨を意識して動かすので、背骨矯正や肩こり解消にもつながる運動です。

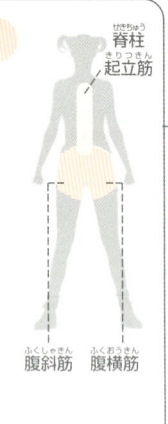

ぽっこり出た下腹を引き締める

ロール　オーバー

背骨　骨盤

Roll Over

腹筋を使い、両脚を天井に向かって上げ下げするエクササイズです。多くの腹筋エクササイズは腹筋を上部から使っていきますが、この運動は腹筋を下部から使っていきます。バランス感覚が大事です。また、上背部と肩甲骨（けんこうこつ）の間を広げるので、肩こりがひどい人にもおすすめ。

1 Ready…

あお向けになり、両脚を片方ずつ順に上げて、ひざから下を交差させましょう。
息を吸って準備。

吸

腹筋を使って肋骨と腰骨を近づけることを忘れないように。

Core of body

1 Ready… ▶ 2 ▶ 3 Finish!

2

息を吐きながら、お尻をマットから離していきましょう。腹筋を使い、両脚を天井の方へ向けて高くつき上げます。脚の力で持ち上げないように気をつけて。

下腹部をへこませるようにして。

胸から上はリラックス。

肩を床から離さない。

吐

NG

肩や首に力を入れて、肩が上がったり、床から離れたりしてはいけません。

3 FINISH!

一度息を吸って息を吐きながら、マットから離した部分を順番にゆっくり戻します。この動きを4回繰り返し、さらに脚を組み替えて4回繰り返しましょう。

吸 → 吐

行う回数
8回
脚を組み替えて4回ずつ

このエクササイズの Point

1 腹筋を使って、脚を上げましょう。
勢いにまかせたり、脚の反動を使って上げてしまっては、効果がありません。腹筋を意識的に使いましょう。

2 背骨を巻き上げるように、考えながら動かして。
腹筋とともに、背骨の動きにも集中してみましょう。背骨を丁寧に動かすことで、正しい位置に戻すことができます。

ちょっぴり休憩タイム!

着物とピラティスの意外な共通点

帯が筋肉の代わりに!?

きれいに着物を着こなしている人を見ると、その姿勢の美しさに、息をのむことがあります。その凛とした佇まいは、どこから生まれるのでしょうか。

着物には、骨盤まわりを安定させるという効用があります。**帯がピラティスでいう「コアの筋肉」の代わりをしてくれるわけです。**

ここに、ピラティスと着物の意外な共通点があります。ピラティスを行った感想として、「まるで着物の帯で締めたように、体が安定して引き締まる」と表現する人が少なくないのも、納得できます。着物の美しい姿勢も、このあたりに秘密があるのかもしれません。

コア(中心)を意識するのも、ピラティスと着物の似ている部分。**着物は、背中の縫い目の部分(背中心)が体の中心を通っていないと、きれいに着こなすことはできません。**

こんな着物を、生活に取り入れてみるのはいかが? ピラティスで鍛えた美しい姿勢を、着物がより際だたせてくれるはずです。

着物の効用
立体的に作られる洋服に対し、着物はたたむと平らに。丸みを帯びた体に、平らな布を巻きつけることになる着物は、常に中心を意識して着ることになります。

Lesson3
タイプ別エクササイズ

ここからは、体のタイプ別に、気になる部分や
自分の体の弱い部分を鍛えていきましょう。
自分の体に合った
エクササイズを行うことで、効果は倍増。
より理想的な体に近づくことができます。
自身の心と体に向き合い、
エクササイズを楽しみましょう！

Each type of body

- ❋ マーメイド　Mermaid……………………… p 60
- ❋ ローリング　Rolling ……………………… p 62
- ❋ ローテーション　ウィズ　ポート　デ　ブレア
  Rotation With Port De Bras ……………… p 64
- ❋ ブリッジング　Bridging …………………… p 66
- ❋ ベンド　アンド　ストレッチ　Bend And Stretch … p 68
- ❋ ヒップ　エクステンション　Hip Extension … p 70
- ❋ スパイン　ツイスト　Spine Twist ………… p 72
- ❋ スワン　Swan ……………………………… p 74
- ❋ ソー　Saw ………………………………… p 76
- ❋ グルーツ　ストレッチ　Glutes Stretch …… p 78
- ❋ ロッキング　Rocking ……………………… p 80
- ❋ ウォール　Wall …………………………… p 82

Lesson3の見方
この章では、体のタイプごとにおすすめのポーズやエクササイズコースを紹介しています。
体のタイプについては、22～25ページをご覧ください。

Lesson 3

ココをFOCUS！
- 肩こり解消
- 腰痛解消
- わき腹シェイプ

腕、腹、腰の横側をまんべんなく伸ばし、上半身の代謝をアップし、肩こりを解消。また、腰まわりを強化し、腰痛を解消させる効果もあります。

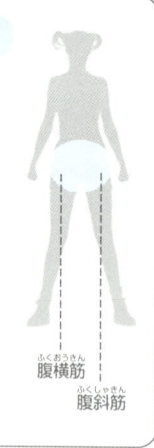

腹横筋
腹斜筋

体の横側をストレッチし、代謝をアップ！

マーメイド

わき腹 / 腰

Mermaid

肋骨と骨盤の間を広げ、体の横側をストレッチするエクササイズです。全体的に伸ばすことで、わき腹や腰の横側の筋肉を活性化し、引き締まったボディラインを作ります。また、ぶれない強い腰まわりを作るので、腰痛解消にもつながる運動です。

おすすめの体タイプ ▶ チアリーダータイプ ▶ 疲労タイプ

1 Ready…
吸

あぐらを組んで座ります。骨盤を立てたら、体を正面に向けましょう。左手は床に置き、右手は肩の高さで横に伸ばして。

骨盤を立てておくために、腰を落としたり、曲げたりしない。

2
吐

動き出す前に息を吸って。息を吐きながら、右の指先を遠くに伸ばすように意識して、頭上に腕を上げます。

指先は遠くの方へ伸ばすイメージ。

おすすめコース

| Lesson1 ウォーミングアップ P29へ | ▶▶ | 骨盤
Lesson2 レッグ・スライド P44へ | ▶▶ | ウエスト 太もも
Lesson3 ベンド アンド ストレッチ P68へ | ▶▶ | わき腹 腰
Lesson3 マーメイド | ▶▶ | FINISH |

Each type of body

1 Ready… 2 3 4 5 Finish!

3

そのまま息を吐きつつ、左へ上体を倒します。腕を伸ばしきったら、ひと呼吸おいて、息を吸いながら、元の姿勢に戻しましょう。

吐

腰が浮かないように。

右のお尻をマットに安定させたら、左のわき腹をできるだけ縮めようとすると効果的。

NG 猫背にならないよう注意。

行う回数 左右 **4** 回ずつ
脚を組み替えて2回ずつ

4

息を吐きながら、右手を体の前に下ろしたら、息を吸いながら、左手を頭の上へ。

背筋はまっすぐ保って。

吐
吸

5 FINISH！

息を吐きながら上体を倒したら、左の指先を遠くに伸ばして、右へストレッチ。
この動きを左右2回ずつ繰り返し、脚を組み替え、さらに左右2回繰り返しましょう。

吐

このエクササイズのPoint

1	腰を床から浮かせないよう気をつけて。	腰骨を左右水平に保ち、座骨をしっかり床に押しつけて、体の軸がぶれないよう意識しましょう。
2	常に腹筋を引き上げておきましょう。	単純に体のわきを動かすだけでなく、腹筋にも集中して。よりいっそうウエストシェイプ効果が上がります。

Lesson 3

ココをFOCUS！

- 背中のこり解消
- 全身バランス
- ウエストシェイプ

僧帽筋
広背筋
脊柱起立筋
腹横筋
腹直筋

背中のマッサージ効果のある運動。起き上がる際、腹筋を使うので、ウエスト引き締め効果があるだけでなく、同時にバランス感覚を養うことができます。

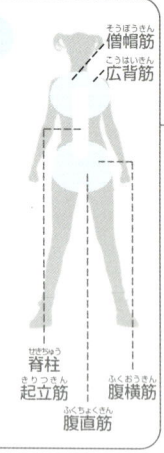

背中のこりをほぐしつつ、腹筋強化もできる

ローリング

背中　腰

Rolling

背中をボールのように丸めて転がり、腹筋の力で起き上がるエクササイズです。普段なかなかマッサージできない背骨周辺を心地良く刺激し、さらに腹筋を鍛えます。バランスをとりながら動き、全身をコントロールすることがポイント。腰痛解消に効果があります。

おすすめの体タイプ ▶ フラットタイプ　疲労タイプ

1 Ready…

座骨の後ろに体重をのせるように座ります。両脚を持ち上げ、両手で抱えて。

- 背中全体がCのような曲線を描くよう、丸めて。
- 常にお腹を引き上げるよう意識して。

おすすめコース

Lesson1 ウォーミングアップ P29へ ▶▶ 骨盤 Lesson2 シングル レッグ ストレッチ P48へ ▶▶ お尻 太もも Lesson3 ヒップ エクステンション P70へ ▶▶ 背中 腰 Lesson3 ローリング ▶▶ FINISH

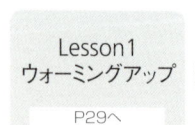

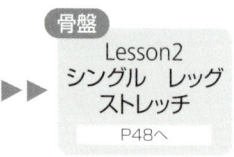

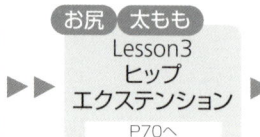

Each type of body

1 Ready…   **2**   **3** Finish!

2 息を吸いながら、背骨をひとつずつマットにつけるように肩甲骨（けんこうこつ）あたりまで転がります。

吸

頭から背中のCのカーブは崩さずに。

反動で頭まで転がらないように気をつけて。

視線をひざにキープしようと意識すると動きやすいです。

NG
背中がいっぺんにベタッと床についてはいけません。背骨をひとつずつ動かして。

行う回数
8〜10回

3 FINISH！

息を吐きながら、元の姿勢に戻しましょう。起き上がるときも、背骨のカーブが崩れないように注意して。この動きを8〜10回繰り返します。

吐

EASY STYLE ボールを使って

お腹にボールを抱えて動くと、背骨のカーブをキープできるので、より効果的です。

このエクササイズの Point

1 勢いで転がるのではなく、背骨を意識しましょう。

転がるときは背骨をひとつずつ床につけ、起き上がるときは背骨をひとつずつ床から離すように心がけて。

2 起き上がるときには、腹筋を使って。

腹筋を強化するために、後ろに転がる反動を使って起き上がるのではなく、腹筋を使いましょう。

Lesson 3

ココをFOCUS！

- 背骨矯正
- 首のこり解消
- わき腹シェイプ

背骨をさまざまな方向に動かすので、背骨の矯正効果があります。それに伴い、首のこりも解消。また、腕、腹、腰をストレッチし筋肉を引き締めます。

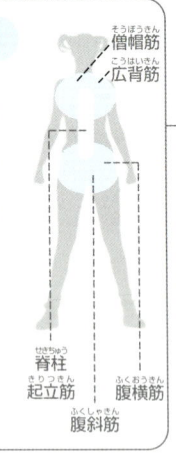

僧帽筋
広背筋
脊柱起立筋
腹横筋
腹斜筋

背骨を矯正し、バランスの整った、柔軟な上半身を作る

ローテーション ウィズ ポート デ ブレア

背中　わき腹　Rotation With Port De Bras

腕を上下に動かし、腰をひねりながら、体の横側をストレッチするエクササイズです。背骨の曲げ伸ばし、ひねり、ストレッチとさまざまな要素を取り入れているのが特長。体の軸である背骨をフルに動かします。一連の流れを止めず、スムーズにポーズを決めて。

おすすめの体タイプ　フラットタイプ　疲労タイプ

1 Ready…

両足のひらを合わせて座ります。右手は床に置き、息を吸いながら、左手を斜め上に向かってまっすぐ伸ばしましょう。

骨盤を立てて座る。

吸

視線は左の指先の方、斜め上方を見て。

NG
手を下ろしたとき、骨盤が落ちてはいけません。

2

息を吐きながら、左の指先を右斜め下に向かって、ゆっくり下ろしましょう。このとき視線は指先の方向を見るようにします。同じ動きをもう一度くり返して。

吐

腰が浮かないように注意。

おすすめコース

	背骨	背中　わき腹	
Lesson1 ウォーミングアップ P29へ	▶▶▶ Lesson2 ブリッジ P52へ	▶▶▶ Lesson3 ローテーション ウィズ ポート デ ブレア	▶▶▶ FINISH

Each type of body

1 Ready… 2 ▶ 3 ▶ 4 ▶ 5 Finish!

3 息を吸いながら、上体を起こしましょう。

あごを上げ過ぎない。

背筋はまっすぐ。

吸

4 息を吐きながら、また視線を斜め下に落とします。

吐

猫背にならないよう気をつけて。

骨盤は立てたまま。

EASY STYLE 骨盤が落ちてしまう人は
クッションやタオルに座ってやると動きやすくなります。

行う回数
左右 **2** 回ずつ

5 FINISH！

息を吸いながら、再度、左手を斜め上に向かってまっすぐ伸ばします。
ここまでの動きを左右それぞれ2回ずつ繰り返しましょう。

吸

このエクササイズの Point

| 1 | 骨盤の位置がぶれないように気をつけて。 | 骨盤の位置は常に安定させ、腰から上をひねったり、倒したりするように心がけましょう。 |
| 2 | 背骨の曲げ伸ばし、ひねり、ストレッチとそれぞれの動きを意識して。 | ひとつひとつの動きを意識し、スムーズに動くよう考えながらやることで、それぞれの動きの効果が増します。 |

Lesson 3

ココをFOCUS!

- 骨盤矯正
- 背筋強化
- ヒップアップ

脊柱起立筋
大腿二頭筋
腹横筋

腹筋に負荷を与えた状態のまま、脚を上げ下げする運動を行うので、背中、お腹、太ももの筋肉が活性化されます。美脚効果も大。

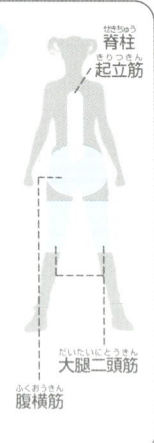

太ももの裏を鍛えて、骨盤を安定させる

ブリッジング

Bridging

背中 / 太もも

背中から太ももまでを床から浮かせ、脚を上げ下げするエクササイズです。Lesson2で紹介したブリッジ（p.52）の応用編。しっかりと安定した体の軸を作ります。特に、お尻と太ももの裏の筋肉に作用。左右のバランス感覚がポイントとなる運動です。

おすすめの体タイプ ▶ チアリーダータイプ / フラットタイプ

1 Ready…

基本姿勢をとります。あお向けに寝て、両脚を肩幅くらいに開き、ひざを曲げて。

2

動き出す前に、息を吸って。息を吐きながら、背骨をお尻の方からひとつずつ離していき、腰を持ち上げていきましょう。背骨と太ももを一直線に保ちます。これで、ブリッジの姿勢の出来上がりです。

吸 ➡ 吐

常に左右の腰骨の高さを同じにするように意識して。

骨盤をしっかり安定させましょう。

おすすめコース

Lesson1 ウォーミングアップ P29へ ▶▶ 背骨・骨盤 Lesson2 ロール オーバー P56へ ▶▶ お尻・太もも Lesson3 グルーツストレッチ P78へ ▶▶ 背中・太もも Lesson3 ブリッジング ▶▶ FINISH

Each type of body

1 Ready… 2 3 4 5 Finish!

3

ひざと腰の高さを維持したまま、片脚のひざを90度に曲げて、天井に向かって上げていきましょう。脚を上げながら、息を吸います。

吸

サポートしている脚でしっかりと床を押して、体を固定。

4

脚を上げきったら、息を吐きながら、片脚をゆっくり下ろします。この動きを左右交互に行い、左右2回ずつ繰り返した後、背骨をひとつずつ下ろしていくようなつもりで、元の姿勢に戻りましょう。
これを3度繰り返します。

吐

FINISH！

NG

肋骨と腰骨の動きに気をとられ過ぎて、お尻が巻き上がってしまわないよう注意。

行う回数 左右 **6** 回ずつ

このエクササイズの Point

| 1 | 左右のバランスを保つことに集中して。 | 体の軸がぶれないように注意しましょう。軸が崩れると、正しく筋肉を使うことができません。 |
| 2 | お尻と太ももの裏の筋肉を意識的に動かしましょう。 | 普段あまり使っていない筋肉は、意識的に動かすことでよりいっそう効果が期待できます。 |

67

Lesson 3

ココをFOCUS！

脊柱
起立筋

- むくみ解消
- 冷え性解消
- 下腹部シェイプ

腹筋にかなり負荷をかけるので、下腹部を引き締める効果大です。また、脚のむくみや冷え性が気になる人にもおすすめ。

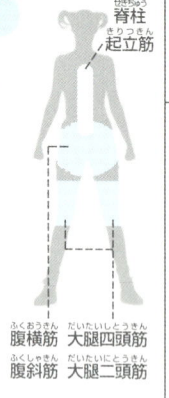

腹横筋　大腿四頭筋
腹斜筋　大腿二頭筋

お腹の奥の筋肉を強化して、内臓活性化！

ベンド　アンド　ストレッチ

Bend And Stretch

ウエスト　太もも

両脚を同時に上げ、斜め上方に伸ばすというエクササイズです。太ももの表と裏のバランスを養います。両脚・股関節（こかんせつ）のダイナミックな動きに負けない体の軸を作りましょう。

おすすめの体タイプ ▶ チアリーダータイプ　疲労タイプ

1 Ready…

基本姿勢をとります。
あお向けに寝て、両ひざを曲げて。両手は頭の下に置き、息を吐きながら、肩甲骨（けんこうこつ）から上を起こします。両脚をそろえて、ひざが90度になるよう上げましょう。

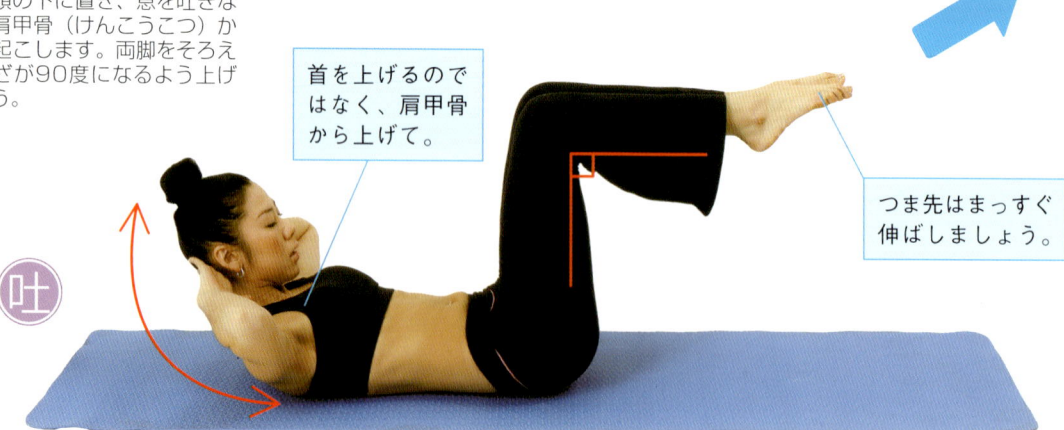

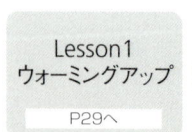

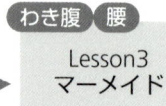

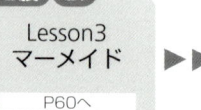

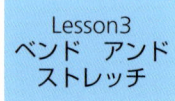

吐

首を上げるのではなく、肩甲骨から上げて。

つま先はまっすぐ伸ばしましょう。

おすすめコース

| Lesson1
ウォーミングアップ
P29へ | ▶▶ | 背骨 骨盤
Lesson2
レッグ　プル
フロント　サポート
P54へ | ▶▶ | わき腹 腰
Lesson3
マーメイド
P60へ | ▶▶ | ウエスト 太もも
Lesson3
ベンド　アンド
ストレッチ | ▶▶ | FINISH |

68

Each type of body

1 Ready… ▶ 2 ▶ 3 Finish!

2

一度息を吸って。息を吐きながら、両脚を斜め上に向かって、まっすぐ伸ばします。この姿勢を3秒キープ。

吸 ---→ 吐

体がぐらつかないようにお腹を上に引き上げて。

KEEP !!
3秒

NG
脚を上げるとき、ひじや腰が上がったり、脚の重さで骨盤がぶれてはいけません。

3 FINISH !

息を吸いながら、両脚をゆっくり元の位置に戻します。
この動きを4回繰り返しましょう。

吸

行う回数
4回

このエクササイズの Point

| 1 | 動かすのは、腹筋と両脚だけ。 | このエクササイズで動かすのは、腹筋と両脚のみ。別の部位に余計な力を入れないよう注意して。 |
| 2 | 体の軸をまっすぐに維持しましょう。 | 体の軸がしっかり作り上げられていないと、難しい動きです。エクササイズの基本を重視して。 |

Lesson 3

ココをFOCUS！

- 腰痛解消
- ヒップアップ
- 美脚

体の裏側を引き締め、体の軸や体重を支える筋力をつけます。骨盤まわりの筋肉を鍛え、血行を良くするので、腰痛解消にもつながる運動です。

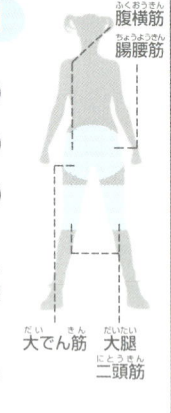

フォーカス筋肉： 腹横筋、腸腰筋、大でん筋、大腿二頭筋

下半身の裏側を集中的に鍛え、体を支える筋力をつける

ヒップ　エクステンション

お尻 太もも Hip Extension

うつぶせになって、脚を上げ下げするエクササイズです。たるみがちな太ももの裏・内側を中心に、体の裏側の筋肉を集中的にシェイプ。美しいバックラインを作り、さらに、腰痛の原因となる筋肉の衰えを解消します。

おすすめの体タイプ　▶　チアリーダータイプ　フラットタイプ

1 Ready…

うつぶせになり、両脚は腰幅くらいに開きます。両腕は曲げて顔の下に置きましょう。息を吸って、準備。

吸

- 肩や首に力を入れず、リラックス。
- つま先は遠くに引っ張られるようなイメージで、まっすぐ伸ばして。

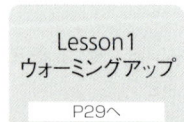

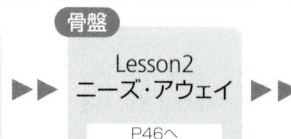

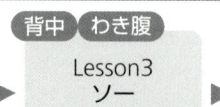

おすすめコース

| Lesson1 ウォーミングアップ P29へ | ▶▶ | **骨盤** Lesson2 ニーズ・アウェイ P46へ | ▶▶ | **背中 わき腹** Lesson3 ソー P76へ | ▶▶ | **お尻 太もも** Lesson3 ヒップエクステンション | ▶▶ | FINISH |

Each type of body

1 Ready… ▶ 2 ▶ 3 Finish!

2
息を吐きながら、片脚をまっすぐ伸ばして上げていきましょう。

ひざは曲げずに、まっすぐ。

骨盤の位置を動かさないよう気をつけて。

背中が反り返らないよう注意。

吐

NG
脚を上げた方に骨盤が上がってはいけません。

3 FINISH !
脚を上げきったら、息を吸って。そして、息を吐きながら脚をゆっくり元の位置に戻して。これを左右交互に4〜5回ずつ繰り返します。

吸 → 吐

脚を戻すときも、肩に力が入らないように注意。

行う回数
左右 **4〜5回ずつ**

このエクササイズの Point

1 骨盤の位置がぶれないように注意。

太ももの内側を鍛えるためには、脚の上げ下げを行うとき、骨盤をしっかり固定しておくことがポイントです。

2 脚をリズミカルに動かしましょう。

規則正しいリズムで体を動かすことで、筋肉を活性化。エクササイズの効果が倍増します。

71

Lesson 3

ココをFOCUS！

- 背骨矯正
- 便秘解消
- ウエストシェイプ

脊柱起立筋
腹斜筋　腹横筋

背骨の動きを意識しながらツイスト運動することで、背骨を矯正。また、腸やお腹周辺の筋肉を刺激し、便秘解消やウエストシェイプの効果もあります。

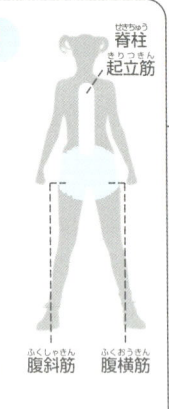

ツイスト運動で体の奥の筋肉を刺激し、便秘解消

スパイン　ツイスト

背中／ウエスト

Spine Twist

座った状態で、背骨をなめらかに回旋させるエクササイズです。スパインとは「背骨」のこと。背骨をひとつずつひねり、正しい位置に戻していきます。また、斜めの腹筋（腹斜筋）を収縮させることで、しなやかなウエストラインを作ります。

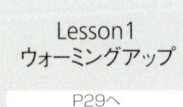

おすすめの体タイプ ▶ チアリーダータイプ　フラットタイプ

1 Ready…

両足のひらを合わせて座り、腕を胸の高さに上げ、ひじを横に張ります。

吸

- 肩や首の力を抜いて、リラックス。
- ひじで床を押すようにして肩を下げて。
- 骨盤を立てて。骨盤を立てられない人はタオルを敷いてもOK。

おすすめコース

Lesson1 ウォーミングアップ P29へ ▶▶▶ 骨盤 Lesson2 オブリークスキャンキャン P50へ ▶▶▶ 背中／ウエスト Lesson3 スパイン　ツイスト ▶▶▶ FINISH

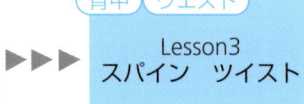

Each type of body

1 Ready… ▶ 2 ▶ 3 ▶ 4 ▶ 5 Finish!

2
息を吐きながら、腰から上だけを右側にひねりましょう。

吐

スクリューを上に巻き上げるようなイメージで、背骨をひとつずつグルーッと回していく。

お腹は常に引き上げておくよう意識して。

NG 
肩が上がり、体の軸がぶれてはいけません。ひじを突っ張らないよう注意して。

3
できる限りひねったら、息を吸いながら体をゆっくりと正面に戻していきます。

吸 → 吐

4 FINISH !
同じ要領で、今度は左側にひねり、元の姿勢に戻します。この運動を、左右交互に3回ずつ繰り返しましょう。

行う回数
左右 **3** 回ずつ

このエクササイズの Point

1　腰骨をひねるのではなく、背骨を回旋させて。
　　このエクササイズは「背骨をツイストする」運動です。腰からひねらないよう注意。

2　背中が丸まらないように注意。
　　背骨を正しい位置に戻すためには、背骨と骨盤をまっすぐ立てておくことがポイントです。

Lesson 3

Swan スワン

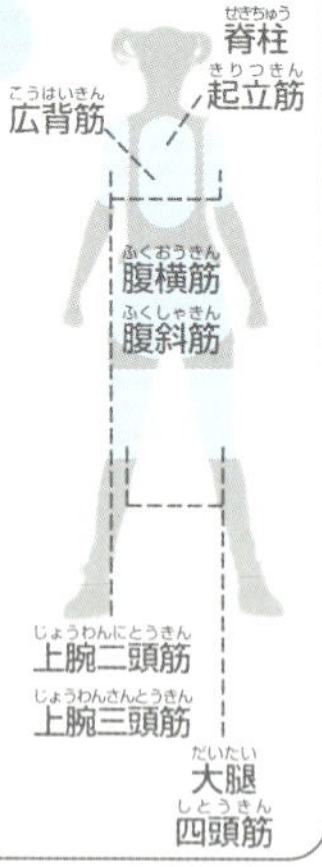

上半身の裏側を集中的に刺激し、こりをほぐす

[背中] [太もも]

白鳥のようにしなやかに背骨を反らせるエクササイズです。頭の後ろから上に伸び上がるように背骨を引っ張っていきます。背骨と腹筋をともに鍛え、柔軟な筋肉を作ります。

おすすめの体タイプ ▶ チアリーダータイプ / 疲労タイプ

ココをFOCUS！

- 首・肩こり解消
- 猫背矯正
- 腰痛解消

脊柱起立筋／広背筋／腹横筋／腹斜筋／上腕二頭筋／上腕三頭筋／大腿四頭筋

美しいバックラインを作るのに、最適の運動。上半身の裏側の筋肉をしなやかに鍛えて、猫背を矯正したり、首や肩のこり、腰痛を解消します。

1 Ready…

脚を伸ばして、うつぶせになり、両手を胸の横に置きましょう。脚は腰幅に開いて。

- 肩が上がらないように。
- 脚は浮かせず、つま先までまっすぐ伸ばす。
- 腕はぴったり床につけて。

2

息を吐きながら、顔をゆっくり上げていきましょう。（吐）

- 肩がすっと下に下がっていくイメージで。
- 手はサポートするだけ。腕の力で起き上がろうとしない。

おすすめコース

| Lesson1 ウォーミングアップ P29へ | ▶▶ | [背骨] Lesson2 ブリッジ P52へ | ▶▶ | [背中][腰] Lesson3 ローリング P62へ | ▶▶ | [背中][太もも] Lesson3 スワン | ▶▶ | FINISH |

Each type of body

1 Ready…　2　3　4 Finish!

3
そのまま腕が伸びきるところまで、上体を起こします。この状態を3秒間キープ。

KEEP !! 3秒

お腹の前側を引き上げるイメージ。

恥骨はマットから離さない。

吐

NG
肩に力を入れ過ぎて、背骨や腰を反らせたり、あごを上げたりしてはいけません。

4 FINISH !
息を一度吸って、吐きながら、ゆっくりと体を倒し、元の姿勢に戻しましょう。この動きを、5回繰り返します。

吸 ----→ 吐

背骨をひとつずつ下ろしていくように意識して。

行う回数 5回

このエクササイズの Point

1	腹筋を引き上げるイメージで上体を起こして。	上体を一直線に維持したまま、腹筋を引き上げるよう意識して起こすと、腰に負担をかけずにできます。
2	一気に押し上げるのではなく、ゆっくり行いましょう。	勢いにまかせて上体を起こすのではなく、背骨の動きを感じながらゆっくり動かすとより効果的です。

Lesson 3

ココをFOCUS！

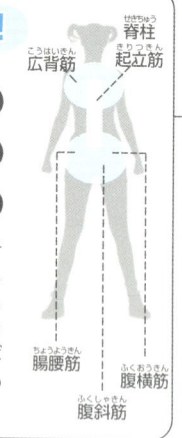

- 骨盤矯正
- 背中・肩のこり解消
- ウエストシェイプ

脊柱（せきちゅう）
起立筋（きりつきん）
広背筋（こうはいきん）
腸腰筋（ちょうようきん）
腹斜筋（ふくしゃきん）
腹横筋（ふくおうきん）

背筋と脚をストレッチし、同時に腹筋を強化。基礎代謝を高めます。また、肩甲骨（けんこうこつ）周辺の筋肉を伸ばすので、肩こりの人にもおすすめです。

全身の筋肉をほぐし、代謝の高い、こり知らずの体にする

背中 / わき腹

ソー
Saw

両腕、両脚を開いて、体をひねりながら前屈するエクササイズです。腕をのこぎりの刃のように動かして。骨盤をしっかり安定させるのがポイント。全身をくまなく伸ばし、筋肉をほぐしましょう。筋肉の緊張が解かれれば、血流が良くなり、こり知らずの理想的な体に近づきます。

おすすめの体タイプ　チアリーダータイプ　疲労タイプ

1 Ready…

骨盤を床と垂直に立てて、座りましょう。脚は腰幅より少し広く開き、つま先を上に向けます。両腕は肩の高さで開いて。まずは、息を吸いながら、上体を右にひねります。

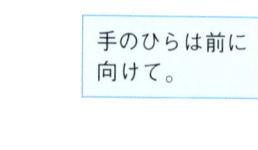

吸

- 背筋はまっすぐ。
- 手のひらは前に向けて。
- 両腕は床と平行になるように。
- かかとは立て、つま先を上に向けます。

おすすめコース

Lesson1 ウォーミングアップ（P29へ）▶▶ 骨盤 Lesson2 シングル レッグ ストレッチ（P48へ）▶▶ ウエスト 太もも Lesson3 ベンド アンド ストレッチ（P68へ）▶▶ 背中 わき腹 Lesson3 ソー ▶▶ FINISH

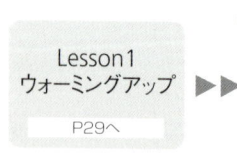

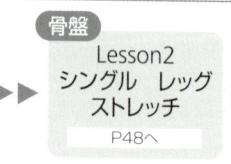

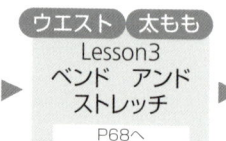

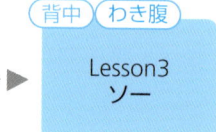

Each type of body

1 Ready… ▶ 2 ▶ 3 Finish!

2

吐

前と後ろの腕は、互いを引っ張り合うように伸ばして。

姿勢を崩さず、みぞおちから上に引き上げるように。

息を吐きながら、左手で右足のつま先をタッチするように、上体を斜め前に頭から倒していきましょう。右手はまっすぐ後方へ伸ばします。顔は右後ろへ向けて。

3 FINISH！

吸

NG
上体を倒す際、わき腹がつぶれてしまってはいけません。

息を吸いながら、背骨をひとつずつ動かすよう意識して、上体を起こしましょう。そして、息を吐きながら、正面を向いて。これと同じ要領で逆側も行います。この動きを、左右交互に3回ずつ繰り返しましょう。

行う回数
左右 3 回ずつ

このエクササイズのPoint

1 指先まで意識して、しっかり伸ばして。
手の指先や足のつま先など、細かい部分もしっかり伸ばし、体のすみずみまで気持ちよくストレッチしましょう。

2 骨盤を安定させるために、腰を落としたり曲げたりしない。
背骨をひとつずつ動かすのがポイント。お尻から体を曲げるのではなく、腰から上を動かすよう注意して。

Lesson 3

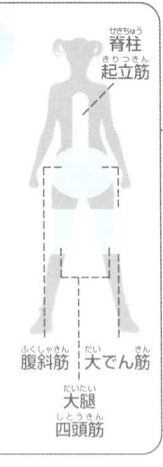

背筋を鍛え、バランスのとれた美しい姿勢に

グルーツ　ストレッチ

Glutes Stretch
お尻　太もも

ココをFOCUS！
- 背骨矯正
- 猫背矯正
- ヒップアップ

背筋を鍛え、体の軸を整えます。脚を前後に開くことでお尻の筋肉を強化し、骨盤を安定。冷え性や生理痛、便秘などの原因を解消するエクササイズです。

脊柱／起立筋／腹斜筋／大でん筋／大腿四頭筋

脚を前後に開き、上体を倒すことで、背中からお尻の筋肉をストレッチするエクササイズです。伸縮性のある柔軟な筋肉を作ります。さらに、お尻と太ももに刺激を与え、シェイプアップ。メリハリのあるボディラインを作りつつ、姿勢も美しく整える効果もあります。

おすすめの体タイプ　フラットタイプ　疲労タイプ

1 Ready…

右脚のひざを曲げて前に、左脚を後ろにまっすぐ伸ばして座りましょう。手は床を軽く触るように、体の横に置きます。息を吸って準備。

吸

背筋はまっすぐ。

骨盤は立てておく。

おすすめコース

骨盤	背中 太もも	お尻 太もも
Lesson1 ウォーミングアップ P29へ ▶▶ Lesson2 レッグ・スライド P44へ ▶▶ Lesson3 スワン P74へ ▶▶ Lesson3 グルーツストレッチ ▶▶ FINISH

Each type of body

1 Ready… ▶ 2 ▶ 3 Finish!

KEEP!! 20秒

吐

骨盤は倒さず、最初の位置をキープ。

お尻が浮かないように注意。

2

両手を斜め前方につき、息を吐きながら、上体を倒していきます。頭からお尻までのラインが一直線になるまで上体を倒したら、その姿勢を20秒間キープ。

EASY STYLE 脚を前後に開くのが難しい場合

脚を前後に開くことがつらい人は、あぐらを組んでやるとラクにできます。

吸

3 FINISH！

息を吸いながら、上体を元の位置に起こしていきましょう。脚を組み替えて、同様の動きを左右それぞれ2回ずつ繰り返します。

行う回数 4回 脚を組み替えて2回ずつ

このエクササイズの Point

1 背筋をまっすぐキープしましょう。
猫背になってしまっては、筋肉を正しく伸ばせません。頭が上に引っ張られるようなイメージを忘れないで。

2 骨盤が傾かないように注意。
上体を倒したとき、骨盤まで倒さないように気をつけましょう。骨盤を安定させておくことで、ヒップアップ効果が増します。

Lesson 3

ココをFOCUS！

- 背骨・骨盤矯正
- 猫背矯正
- 背中・肩のこり解消

脊柱起立筋
腹斜筋
腸腰筋
腹横筋
大腿四頭筋

背筋と太ももの筋肉をストレッチしながら強化。背骨を矯正します。また、腹筋を強化＆マッサージ。体の軸となる部分を徹底的に鍛えます。

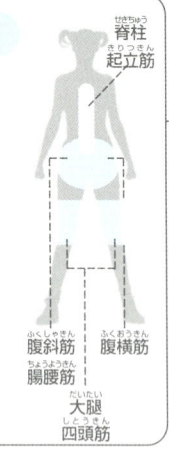

背筋と腹筋を鍛え、バランスの整った体を作る

ロッキング

背中 お腹

Rocking

うつぶせの状態で、両手で両足首を持ち、体を弓なりに反らせるエクササイズです。背中やお腹の筋肉を鍛えるだけでなく、胸の前部分や、床に接しているお腹を心地良くストレッチ。体の軸を支える背中とお腹の筋肉をほぐしつつ、強化もするという運動です。

おすすめの体タイプ ▶ チアリーダータイプ　疲労タイプ

1 Ready…

うつぶせになり、両手で両足首をしっかりつかみましょう。

つま先はまっすぐ伸ばす。

視線は床に落として。

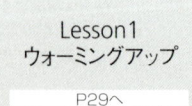

おすすめコース

Lesson1 ウォーミングアップ　P29へ　▶▶▶　背骨 骨盤 Lesson2 ロール オーバー　P56へ　▶▶▶　背中 お腹 Lesson3 ロッキング　▶▶▶　FINISH

Each type of body

1 Ready…　　2　　3 Finish!

2

息を吸いながら、頭と脚を上げ、体を弓なりに反らします。

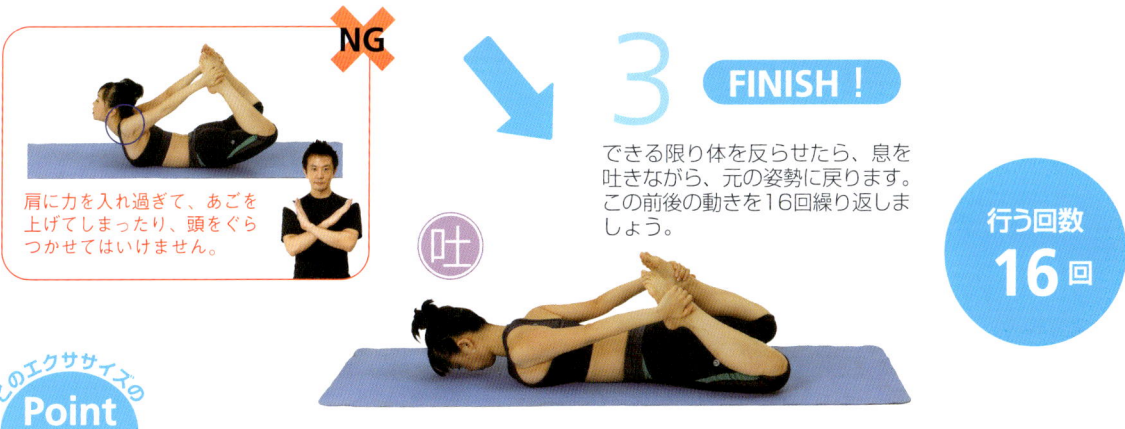

吸

視線はまっすぐ前を見て。

頭と足を天井の方へ上げるようにイメージして。

EASY STYLE 足首まで手が届かない場合は
タオルで両足首をひっかけて、タオルの端を持つようにすると、動かしやすくなります。

腕はまっすぐ伸ばして。

NG 肩に力を入れ過ぎて、あごを上げてしまったり、頭をぐらつかせてはいけません。

吐

3 FINISH！

できる限り体を反らせたら、息を吐きながら、元の姿勢に戻ります。この前後の動きを16回繰り返しましょう。

行う回数 **16回**

このエクササイズの Point

1　正しい姿勢を崩さないよう注意。
姿勢が崩れると、鍛えるべき筋肉を使わないことになってしまいます。体全体の形を保つために、腕をしっかり伸ばすことを忘れないで。

2　腹筋をフルに使って。
体を弓なりに反らせるには、何よりも腹筋が重要になってきます。お腹全体の筋肉を胸の方へ引き上げながら使いましょう。

Lesson 3

ココをFOCUS！

- 肩こり解消
- 背骨矯正
- 腰痛解消

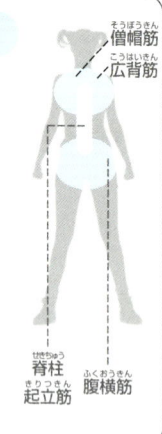

肩と上背部を支える僧帽筋と背筋をストレッチ。上半身の血行が良くなるので、首や肩、背中、腰のこりを解消する効果があります。

僧帽筋（そうぼうきん）
広背筋（こうはいきん）
脊柱起立筋（せきちゅうきりつきん）
腹横筋（ふくおうきん）

肩と背中の筋肉をストレッチして、代謝をアップ

Wall
ウォール

肩 / 背中

壁を背にして、前屈するエクササイズです。背筋のストレッチと腹筋の強化を同時に行います。背骨がひとつずつ動くことを意識しやすい運動。基礎代謝をアップして、こりをほぐします。また、ウエストシェイプ効果も期待できます。

おすすめの体タイプ：フラットタイプ / 疲労タイプ

1 Ready…

- 視線は前方。
- 肩の力を抜いてリラックス。

壁に背中からお尻をつけ、足ひとつ分、離して立ちます。

2 吐

息を吐きながら、頭を前に倒し、上からひとつずつ背骨を離していきましょう。

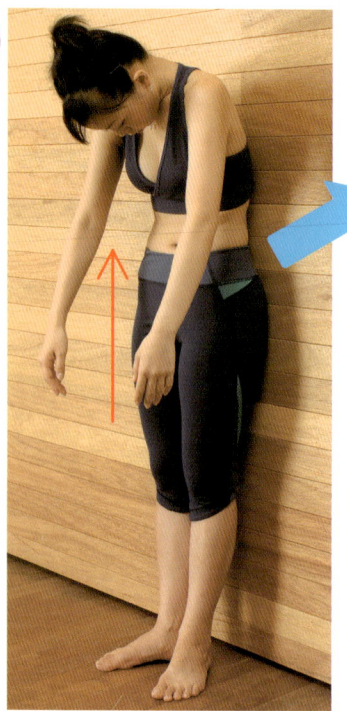

おすすめコース：

Lesson1 ウォーミングアップ（P29へ）▶▶▶ 骨盤 Lesson2 シングル レッグ ストレッチ（P48へ）▶▶▶ 肩 背中 Lesson3 ウォール ▶▶▶ FINISH

Each type of body

3

腰が離れるところまで上体を倒したら、息を吸います。

吸

行う回数
2回

吐

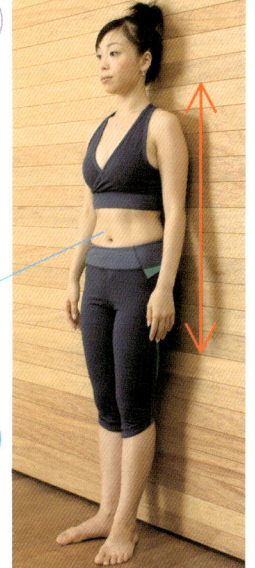

上体を起こすときは、腹筋を使って。

4 FINISH！

息を吐きながら、下からひとつずつ背骨を壁につけるようにして、元の位置に戻しましょう。この動きを2回繰り返します。

このエクササイズのPoint

1 背中の動きを感じながら動かす。

単純な動きですが、背筋、背骨、腹筋と意識すべき点はたくさんあります。怠惰な動きにならないよう気をつけて。

2 腰から曲げるのではなく、背骨を動かして。

ふつうの前屈とは違い、シールのように背骨を壁から引きはがしたり、貼りつけたりするイメージでやりましょう。

あなたなら、効果で選ぶ？通いやすさで選ぶ？
ピラティススタジオ徹底レポート！

グループレッスン編

Pilates Studio Report

ヒューマンアカデミー
セルフ・コンディショニング・スタジオ

和気あいあいと
仕事帰りにリフレッシュ！

　語学や資格、フィットネスなど、さまざまなスクールを手掛ける「ヒューマンアカデミー」のピラティスレッスンをレポート。

　ヒューマンアカデミーでは、最近のフィットネスブームを受け、女性を対象に「セルフ・コンディショニング・スタジオ」を新たに設立。ここでは、ピラティスやヨガ、ウォーキングを中心に、体を動かすことで、精神もともに鍛える「心身の一体化」を目的とするエクササイズを学びます。レッスンを通して心と体に向き合うことで、日常におけるストレスなどを「自分自身で上手にコントロールする方法」を身につけることがねらいです。

　今回伺ったのは、東京・銀座のメインストリートにある銀座スタジオ。1回のレッスンは1時間10分で、最大25名まで。現在通っている生徒さんは、銀座という土地柄、仕事帰りのOLさんが多いとのことですが、平日の昼間は主婦の方も多く通っているそうです。

みんな初心者だから安心
リーズナブルな料金も魅力

　レッスンの内容は、マットを使ったマット・ピラティスのなかでも、初心者が無理なくできるエクササイズです。前半は、呼吸法と、お腹、肩、首のウォーミングアップが中心。後半は、骨盤を安定させて腕や脚を動かす、ストレッチ性の高いエクササイズ等を8〜10メニューほど行います。ピラティスは、激しく体を動かし、汗を大量にかくトレーニングと違い、ゆっくりとした動きのものを繰り返し行うのが特徴。簡単そうに見える単純な動作ですが、日頃動かすことのないコアの筋肉を使うため、初めはきつく感じることも多いのだそう。

　今回も、一見、横になって静かに腰を上げ下げしているだけに見えるのですが、レッスンを始めてから5分後には、みなさんの顔がすっかり赤くなり、10分後には、額にじんわりと汗が！ 体の芯から血行がよくなり、体全体が温まっているのがわかります。しかし、最後には、みなさんすっきりした表情。長時間オフィスワークなどでこり固まっていた体が、徐々にリセットできるので、リラックス効果も大きいようです。

　レッスンは、チケット制。1回から12回まで、好きなレッスン数を選べるようになっています。1回は3,150円、入会金は無料なので、まずは試してみたい、という人も気軽にできるのがうれしいですね。

ピラティススタジオ徹底レポート！　Pilates Studio Report

全国に続々とオープンしているピラティススタジオ。
数名で行うレッスンから、自分だけのプログラムメニューが
受けられるプライベートレッスンまで、
いろいろあるけど、その違いはいったい何？
そこで、いま話題のピラティススタジオを徹底取材。
グループレッスンとプライベートレッスンそれぞれのメリットを、
実際に通っている生徒さんやインストラクターの方に語ってもらいました。

● グループレッスン編　　　　P84

● プライベートレッスン編　　P88

レッスンを拝見！

はじめにピラティスの特徴とレッスンの流れを説明

今回のレッスン参加者はほとんどがはじめてピラティスにトライする方たち。まずは、インストラクターが、ピラティスの特徴を簡単に説明します。

> ヨロシクお願いします！

呼吸法、基本姿勢をチェック！

息を鼻から吸い、口で吐くピラティス独特の呼吸法「胸式呼吸」を、インストラクターが実演しながらレッスンがスタートします。

> 吸って～！吐いて～、シュ～～！

ウォーミングアップ

お腹を平らにしたニュートラルな姿勢から、腹筋の力を使って脚を上げ下げします。簡単そうに見えても、お腹がゆらゆらしてしまったり、脚の反動を使って上げてしまったり、実際は難しそう！

> わき腹を締めて、恥骨からお腹へエレベーターが上がるイメージですよ～！

ウォーミングアップエクササイズ

「キャット」(40ページ)にトライ！　背骨をひとつひとつ動かす感覚で行います。みなさんはじめはとまどい気味でしたが、少しずつ動きもスムーズに。じんわりと額には汗がにじんできました。

> もっと丸くなりましょう。背中に少しずつ空気を入れる感じで！

85

「お腹に効いてる感じ！」

後半は、少し難度の高いエクササイズへ

前ならえの姿勢から、骨盤を後ろに転がし、戻す「ハーフロールバック」というエクササイズ。足の裏を地面につけ、お腹を平らに保っていられるところまで骨盤を転がすのがポイント。慣れない人は、ボールを使ってチャレンジ！

「脚と腰は動かさずに！ゆっくり吐いて～！」

スパイン・ツイスト（72ページ）にトライ！

背骨をスクリュードライバーでくるくるとねじ上げるイメージで体を反転します。できるだけ骨盤を垂直に立てて行うのがポイント。うう、つらい…、背中にも汗がにじんできました。お腹の深層部の筋肉に効いている感じ！

「おつかれさまでした！」

終了！　すっかりリフレッシュ！

ゆっくりストレッチしながら
深呼吸して終了です。

Advice

グループレッスンのメリットは？

グループレッスンでは、みんなで一緒にエクササイズをする「楽しさ」を味わえることがいちばんのメリットではないでしょうか？　みんなで同時にエクササイズを進めていくので、集中力も高まります。また、レッスン料金が比較的リーズナブルですので、ピラティスを始めるきっかけとして良いと思います。グループレッスンを受けて、もっと自分の体を良く知りたい人は、プライベートレッスンを受けてみるなど、段階に合わせて選択してみるのも良いかもしれませんね。

ピラティストレーナー
足立圭子さん

ピラティススタジオ徹底レポート！ Pilates Studio Report

グループレッスン編

レッスンを体験した感想は？

今回、銀座スタジオのレッスンに参加した方に、エクササイズを体験した感想を聞いてみました！

姿勢が良くなった！

普段使っていない筋肉を使ったエクササイズは、はじめは少し難しく感じました。でも、終わったら姿勢が良くなった気がしてびっくり！　またトライしてみたいです。

清水美佳さん（OL・25歳）

体の内側から温まりました

それほど体を動かしていないのに、体の内側からじわじわと熱くなる感じがして気持ちが良くなりました。体がむくみがちなのですが、体の内側を意識して伸ばすだけで、体が温まり、むくみもとれる気がしました。

田上三代さん（OL・38歳）

デスクワーク中心の私にぴったり！

仕事上、デスクワークが多いため、自然と猫背になりがちです。猫背を直すためにも、肩幅を拡げ、背筋を伸ばすなどのストレッチは続けたい。コツをつかめば仕事中にも気軽にできそうなので、ぜひやってみたいです。

伊沢幸子さん（OL・30歳）

普段考えない体の内側を感じた！

肩こりがひどく、肩がいつも固まっている感じがするのですが、エクササイズで、背中がぐっと伸びる感覚が気持ち良かったです。内側の筋肉を動かすなど、普段考えることのないことを考えることも新鮮でした。

北條智香子さん（主婦・33歳）

取材協力：ヒューマンアカデミー

プライベートレッスン編… 1

後藤さんのピラティスカルテ

✧ ピラティス歴：1年

✧ どのくらいのペースで通っていますか？
　週に1回程度、主に会社帰りに。

✧ ピラティスを始めたきっかけは何ですか？
　30代になって、今までつかなかった部分にもぜい肉がつき、気になっていた頃、雑誌でピラティスの記事を読み、興味をもった。

✧ ピラティスを続けて体に変化はありましたか？
　姿勢が良くなった。全体的にサイズダウンし、とくに腰まわりが細くなった。生理痛がなくなったのもびっくり！

後藤未恵さん（OL・32歳）

カウンセリングで自分だけのプログラムを

　プライベートレッスンは渋谷のインナーワークピラティススタジオをレポート。ピラティスを始めて1年目という後藤さんを取材しました。
　このスタジオでは、レッスンを開始する前に、カウンセリングを行います。体力のレベルから、生活習慣、体のクセなどを把握し、その人に合ったエクササイズをプログラミングしてくれるのです。
　後藤さんの仕事は、事務職で、デスクワークが中心。カウンセリングを受けた際、座ったときの背骨のカーブがきつく、肩甲骨が外側に開き、肩が前に出てしまうクセがあると指摘されました。このように前肩のクセがあると、猫背になりやすく、呼吸が浅くなりがちです。エクササイズでは、背骨がスムーズなカーブを描くような、美しい姿勢に近づけるため、背骨をよく動かし、胸をよく開く動きのものを中心にプログラミングしてもらいました。
　レッスンは1時間。体のタイプやその日の体調に合わせてトレーナーが作ったプログラムを、ゆっくりと繰り返し行っていきます。この日は、ウォーミングアップをした後、マシンを使ったエクササイズを行いました。今回は、キャデラック、リフォーマーなど、4つのマシンを使用。ピラティス用に開発されたこれらのマシンでは、3次元の抵抗を体に与えることができます。体のいろいろな部分に同時に負荷をかけることができるため、初心者には難しい、体の深層部を動かすエクササイズをサポートしてくれる役割があるのです。マット・ピラティスに比べマシンを使ったエクササイズは大変種類が多く、なんと670以上もあるとか。
　ダイエットが目的でピラティスを始めた後藤さんですが、最近では、体重計にのることもすっかりなくなったそうです。レッスンを続けて半年ほどたったころから、周囲の人に「姿勢が良くなった」と言われるようになったことが励みになり、単純に「細く、軽い」体になるよりも、ほどよく筋肉のついた、しなやかな体になることが目標に変わったのです。

ピラティススタジオ徹底レポート！ **Pilates Studio Report**

プライベートレッスン編 1

レッスンを拝見！

顔だけ先に動かさないように〜

マシンを使いわきの下の筋肉をコントロール

ウォーミングアップの後、マシンを使ったエクササイズを行います。これは、キャデラックというマシン。バーを押し上げながら、背骨をひとつひとつ伸ばしながら上体を起こしていきます。さすが1年続けただけあり、トレーナーとの息もぴったり！

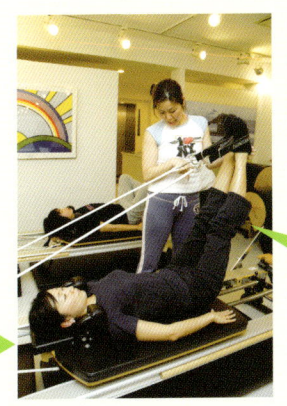

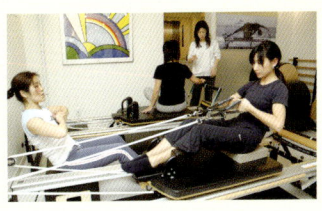

上体に力が入らないように〜

リフォーマーでは上半身と骨盤まわりを強化

同じマシンでもエクササイズは多数。横になってロープにかかとをつけて、お腹の力だけで脚を曲げて伸ばすものや、上体を起こし、息を吐きながらロープにかけた腕を後ろに押す動きのものなど。主に、骨盤や上体を安定させるためのエクササイズをじっくりと行いました。

遠くに高く伸ばすイメージで！

さらに2つのマシンを使用体全体のバランスを整えます

後半はリハーブとラダーバレルというマシンを使ったエクササイズに挑戦。股関節から腰椎のまわりの筋肉を強化。後藤さんのように、背中が大きくカーブしている人には、少々きつい動きなのだとか。

Advice

プライベートレッスンのメリットは？

プライベートレッスンのメリットは、何といっても、その人の体のタイプや目的に合わせたエクササイズをプログラミングできることです。ピラティスはとても繊細な動きが多いため、マンツーマンで指導するほうが、きめ細かくチェックができ、正しい動きが早く身につきます。また、マシンエクササイズは、マット・ピラティスでは意識することが難しいコアを鍛えるさまざまな動きのエクササイズも、マシンの負荷を利用して比較的簡単にできるため、初心者の方にもおすすめですよ。

ピラティストレーナー
小嶋きよみさん

89

プライベートレッスン編… ②

芳村さんのピラティスカルテ

❖ ピラティス歴：4年

❖ どのくらいのペースで通っていますか？
週に1〜2回程度。主に平日。

❖ ピラティスを始めたきっかけは何ですか？
以前通っていたスポーツジムで、石川英明先生のレッスンを受けたことがきっかけ。2年前からプライベートレッスンを受講。

❖ ピラティスを続けて体に変化はありましたか？
20代からひどい腰痛に悩まされてたが、ピラティスに通う度に体が楽になる感覚があった。とくに、歩くなど日常生活の動作が驚くほど楽になった。

芳村ゆかりさん（OL・40歳）

ピラティスで学んだことが日常生活で役立つのが楽しい！

ピラティス歴4年目という芳村さんは、20代の頃からつらい腰痛に悩まされており、医者からは椎間板がくっついていると診断されていました。ピラティスを始めたきっかけは、以前スポーツジムで石川先生の「コアトレーニング」を体験したこと。最初のパーソナルトレーニングのとき、背骨のカーブがないフラット型で、猫背になりがちと、体の特徴を指摘され驚いたと同時に興味をもったそうです。

この日は、リフォーマーを使い、背骨をひとつひとつ伸ばすエクササイズを中心に行いました。ピラティスを始めたばかりの頃は、基本のエクササイズを繰り返し行っていましたが、最近では、体の状態に合わせて、毎回新しいエクササイズを取り入れています。体がこり固まった状態のときなどは、その状態で体を動かすと充分な効果が得られないからと、先生にマッサージをしてもらったりすることもあり、いつもどんなレッスンをするのか楽しみなのだそうです。そういった臨機応変にいろいろなプログラムを組んでもらえるところもプライベートレッスンならでは。

週に1〜2回、レッスンを受ける度に体が楽になると感じると芳村さんは言います。また、日常生活においても役立つことばかりなのだとか。例えば、重い荷物を持って歩くときなど、つい前屈みになったり、足だけ先に出て後ろに反ってしまったりと偏ったバランスで歩きがち。それが、ピラティスを始めてからは、脚の付け根から、脚全体を使って歩くなど、体に負担をかけない動きが自然にできるようになったそうです。長年続けているソーシャルダンスの先生にも、「動きが軽くなったね」「体のココの部分もきれいに動かせるようになったね」と褒められることも多くなり、ピラティスの効果を実感する瞬間でもあります。

若いときよりも今の方が、ずっと軽く、楽に自分の体を動かせると感じる。毎回自分の体に新たな発見があり、それを知り、理解することが、自分自身のこれからの健康につながっているのだと思うと面白くてしょうがないと芳村さん。ここに、彼女がピラティスにはまっている理由がありそうです。

レッスンを拝見！

さらに骨盤から腕、脚を使い全身の筋肉をストレッチ

> 背骨の位置を変えないように気を付けて！

ひざから大腿骨、背骨を上に引き上げながら、ロープを後ろに引きます。このとき、しっかりと骨盤や背骨を意識していないと、重心が前に倒れてしまいます。また、背骨の位置を変えずにニュートラルな状態を保つ「ロングストレッチ」というエクササイズを繰り返し行いました。

> 背中が伸びるのがわかりますか？

リフォーマーを使って背骨を伸ばすエクササイズ

背中全体を動かしながら、背骨のひとつひとつを引き離すように伸ばすエクササイズ。腹筋をつかって、恥骨を前に押すように台を前に押し出します。そして、お腹を縮めるのではなく、腹部を頭の方に引き上げるイメージで上体を起こしていきます。「こり固まっていた背中が伸びていくのがわかる！」と芳村さん。

全身の骨の模型を使い本日のレッスンをおさらい

> こんな状態で背中がくっついているんだ〜

レッスンの途中や終了後、人体模型を使い、骨や筋肉について具体的に解説することも多いとか。体を動かした後に、骨と骨の間を開くということとはどんなことか、背骨、腰など、体は全てセットで動いているなど、視覚的にわかりやすく説明してくれるため理解も深まります。「なるほど背骨と連動して、胸骨、鎖骨も連動して動くわけか〜」と、芳村さんも興味津々！

※現在、石川先生は一般の方のレッスンを受け付けておりません。

レッスンをさらに楽しく！

ピラティスウェア&グッズ

最近では、各スポーツメーカーからもピラティスのウェアが続々登場。自分の体をしっかり見つめるエクササイズだから、ウェアは体にぴったりフィットするものがおすすめ。背中や腰に負担がかからないマットを下に敷くことも大切です。ここでは各メーカー別に、おすすめのウェア＆グッズを紹介。お気に入りのアイテムをそろえれば、エクササイズもより楽しめるはず！

lululemon athletica

HP：http://shop.lululemon.com/home.jsp

カナダ発のアスレティックウェア

カラフルなウェアは、適度なフィット感がピラティスにぴったり。サイズ展開も豊富で、メンズウェアもあります。とくにおすすめなのは、ウエストにラインの入ったボトム。腰骨が水平になっているかを確認するのに便利です。汗をかいたときに気になる縫い目やファスナーは、直接肌に触れないようになっています。

WEAR & GOODS

NIKE

体を動かすすべての人をサポート

伸縮・速乾性のある素材で、エクササイズ中の体の動きを考えたウェアがそろうのは、スポーツブランドならでは。女性のシルエットを美しく見せるトップスやパンツも魅力です。まずは形から入る人にも、本格派の人にも、おすすめ。

ナイキ

NIKEお客様相談室　☎0120-500-719
HP：http://nikewomen.jp

※掲載の商品は、2006 SPRING COLLECTIONです。

マハヌアラ（プーマ）

ファッション性と機能性が融合

独自のデザインと、エクササイズを快適にする機能を兼ね備えたコレクションを展開するブランド。体温調整機能がついたウェアをはじめ、スタイリッシュなバッグやシューズなど、レッスンをより快適にしてくれそうなラインナップです。

prAna

プラナ

HP：http://www.prana.com

レディス・メンズともに種類が豊富

「プラナ」の言葉の由来は、サンスクリット語で「呼吸」などを意味します。ピラティスではこの「呼吸」がとても重要。リラックスしながら、呼吸法をやってみるのにぴったりな、自然素材のウェアもそろいます。オリジナルカラーもプラナのウェアの特徴で、レディスとメンズともにバリエーション豊か。

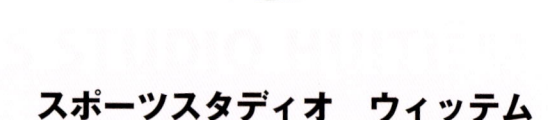

スポーツスタジオ　ウィッテム

デサントお客様相談センター　TEL：03-5979-6101

自宅でやるピラティスレッスンに

大人の女性向けブランドだから、ボディラインをきれいに見せる工夫が、随所に隠されています。細身のボトムは、筋肉の動きをチェックするためだけでなく、足をきれいに長く見せる効果も。着心地がいいので、部屋の中でのエクササイズにも。

WEAR & GOODS

スリア／ティンバックツー

インターテック　TEL：03-5413-3742
HP：http://www.suria.jp
　　http://www.timbuk2-jp.com

オリジナルカラーのマットが魅力

自然な色合いのウェアやマットが特徴の「スリア」。全12色あるマットは、部屋のインテリアとしてもなじみやすいカラーばかり。マットとウェアを一緒に持ち運べる「ティンバックツー」のバッグもおすすめです。

ヨガワークス

ヨガワークス　☎0120-926-684
HP：http://www.yogaworks.jp/

ヨガなどのグッズ専門ブランド

ヨガマットやバッグなどのグッズを専門に扱うブランド。厚さ6mmの本格ピラティスマットは、長時間静止するポーズのときも、背中や腰に負担がかからないよう、厚みと弾力があります。ポケット付きメッシュバッグは、軽量で、通気性が良く、衛生的。

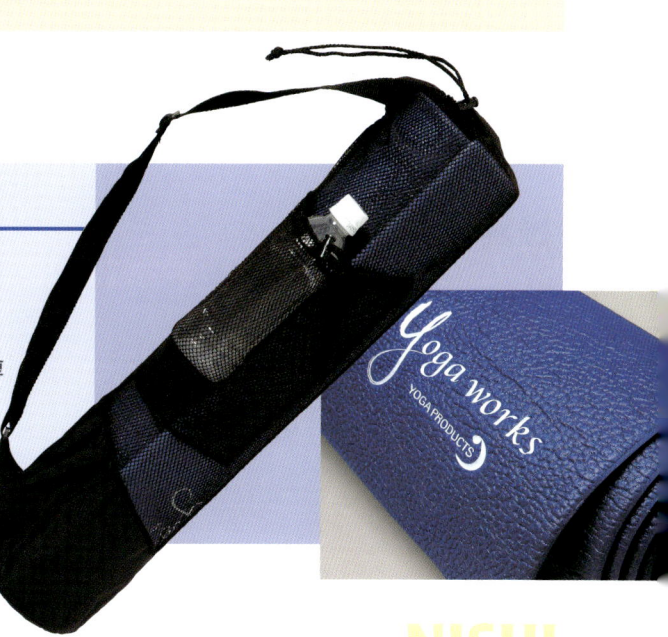

NISHI

ニシ・スポーツ　TEL：03-3637-3310
HP：http://www.nishi.com

体を動かすためのツールがそろう

直径95cm（赤）のジムニックボールは、縫い目のない作りで、約300kgの重量にも耐えられ、バランス運動に使えます。直径約15cm×長さ98cmのストレッチポールは、ピラティスの基本姿勢を確認するのに最適なアイテム。ゆがみや背骨のずれもチェックできる、すぐれものです。

【監修者・スタジオ紹介】

監修:石川英明
インナーワークピラティススタジオ
オーナー/チーフトレーナー

1999年に渡米、ロサンジェルス・ニューヨークでピラティスを学ぶ。2003年にトレーナーとして完全認定を受け、その後日本ではピラティス指導の男性第一人者になる。日本では数少ないPilates Method Alliance（ピラティス指導者の国際的基準を制定している唯一の非営利組織）メンバーの一人。2003年に、「インナーワークピラティススタジオ」を設立。現在、テレビ・雑誌等で活躍するかたわら、運動指導者の育成、プログラム開発にあたっている。

インナーワークピラティススタジオ

マットワークから、リフォーマーマシンを使用したエクササイズまで、ひとりひとりの体の特徴、ニーズに合わせたきめ細やかな指導、プログラムに定評があり、多くの著名人やアスリートが通う。

【staff】

編集制作	株式会社アーク・コミュニケーションズ（出浦文絵、志澤陽子、近藤直子、山本悠）
執筆協力	堀雅俊
編集担当	田丸智子（ナツメ出版企画）
カバー・表紙デザイン	有限会社プロワン（倉橋潤平）
カバーイラスト	谷本ヨーコ
本文デザイン・DTP	有限会社プロワン（遠藤嘉浩、遠藤明美、赤羽目祥子、弓削小春、倉橋潤平）
本文イラスト	川島千草、ラニーイナモト
ヘアメイク	有限会社マスクジェイ（今江みのり）
スチール撮影	村岡栄治、アーク・フォトワークス（清水亮一）、東京フォト工芸
DVD撮影・編集・オーサリング	株式会社DNP映像センター

衣装、撮影協力
lululemon athletica

DVDではじめる ゆがみを直すピラティスレッスン
2013年12月10日発行

監修 石川英明 Ishikawa Hideaki , 2006

発行者 田村正隆

発行所 株式会社ナツメ社
東京都千代田区神田神保町1-52　ナツメ社ビル1F（〒101-0051）
電話 03-3291-1257（代表）　FAX03-3291-5761
振替00130-1-58661

制作 ナツメ出版企画株式会社
東京都千代田区神田神保町1-52　ナツメ社ビル3F（〒101-0051）
電話 03-3295-3921（代表）

印刷所 図書印刷株式会社
Printed in Japan
ISBN978-4-8163-4078-9

ナツメ社Webサイト
http://www.natsume.co.jp
書籍の最新情報（正誤情報を含む）はナツメ社Webサイトをご覧ください。

＜価格はカバーに表示しています＞
＜落丁・乱丁本はお取り替えします＞
本書の一部分または全部を著作権法に定められている範囲を超え、ナツメ出版企画株式会社に無断で複写、複製、転載、データファイル化することを禁じます。